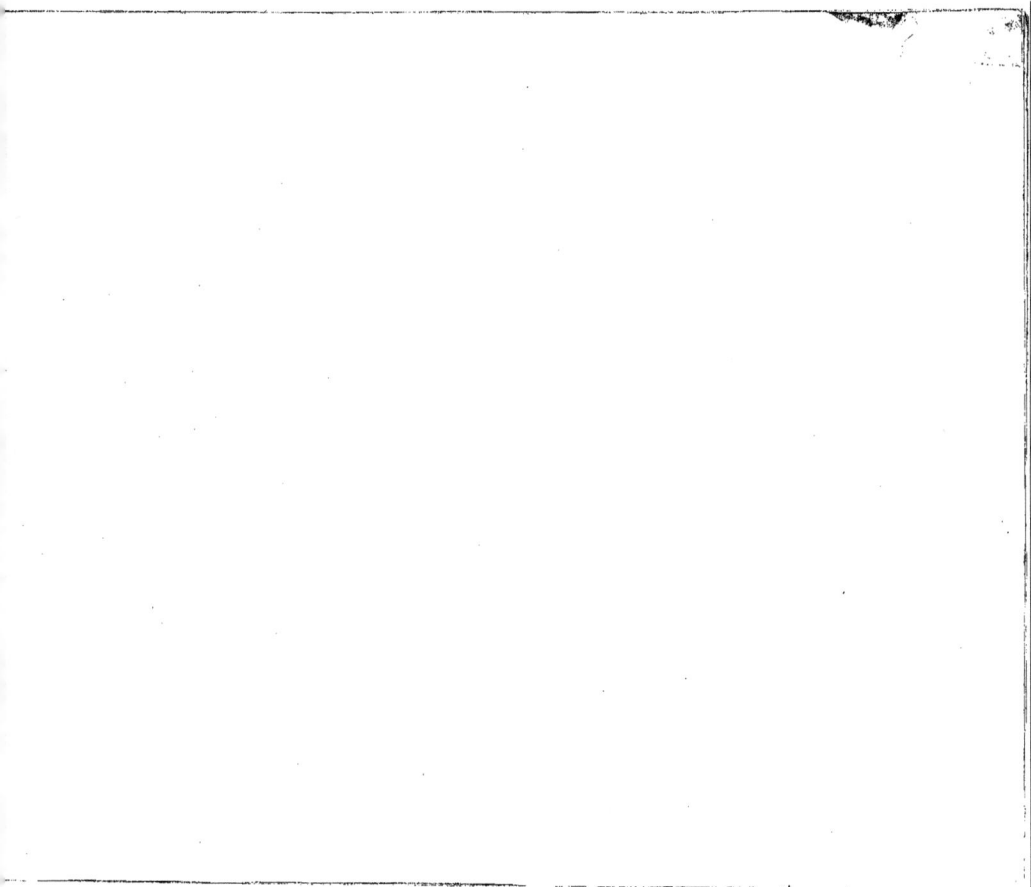

LES

ANNALES DE L'ANTIQUITÉ

ILLUSTRÉES

OUVRAGE FAISANT SUITE AU PRÉSENT VOLUME

LES SIÈCLES ILLUSTRÉS

TABLEAUX DE L'HISTOIRE DU MONDE

DEPUIS L'ÈRE CHRÉTIENNE JUSQU'A NOS JOURS

DESSINS DE M. FOSSEY, TEXTE PAR MADAME ÉLISABETH MULLER

I VOLUME IN-4° OBLONG

33 PLANCHES CONTENANT PLUS DE 300 SUJETS

LES

ANNALES DE L'ANTIQUITÉ

ILLUSTRÉES

TABLEAUX DE L'HISTOIRE UNIVERSELLE

DEPUIS LA CRÉATION JUSQU'A L'ÈRE CHRÉTIENNE

PAR MADAME ÉLISABETH MULLER

DESSINS DE M. FOSSEY, PEINTRE D'HISTOIRE, SECOND GRAND PRIX DE ROME

PARIS

AMÉDÉE BÉDELET, LIBRAIRE-ÉDITEUR

14, RUE SÉGUIER, 14

OUISE, JEANNE, mes filles, vous aussi, vous avez voulu un livre fait pour vous, et qui vous fût dédié, comme l'a été à ma filleule, votre aînée, l'album des SIÈCLES ILLUSTRÉS *depuis l'ère chrétienne jusqu'à nos jours*.

Soit, mes chères filles ; votre mère, Louise, votre aïeule, Jeanne, ne peut faire moins que de vous accorder cette gloire innocente, et, d'ailleurs, sollicitude plus vraie, vous doit le soin de présider à vos premières études.

Vous aurez donc aussi votre album historique : LES ANNALES DE L'ANTIQUITÉ ILLUSTRÉES. Le même crayon qui a composé les tableaux des époques postérieures à notre ère a complété son œuvre : il a parcouru les premiers âges, depuis le jardin d'Éden jusqu'à la venue du Rédempteur, toutes les parties du vieux monde, de l'Égypte savante à ce mystérieux empire de *Fo-Hi*, déjà stable au temps où le patriarche choisi « sort de sa terre » pour aller planter sa tente en Chanaan.

Dans ces pages animées vous retrouverez donc simultanément représentés les principales époques des saintes traditions, les fêtes, les héros, les sages de la Grèce et les annales grandioses de Rome. Tous ces faits étranges ou sublimes qui, jusqu'alors, ont passionné votre imagination sans que vous prissiez souci de les classer dans votre mémoire, vous apparaîtront selon l'ordre précis qu'ils occupent dans cette perspective profonde des générations éteintes qui remontent jusqu'au Créateur!

Puisse cet ouvrage, mes chères filles, quand il aura cessé de vous être utile, demeurer du moins le témoignage de l'affection maternelle de

ÉLISABETH MÜLLER.

MATER NATIS

CAIN tue son frère ABEL

DIEV CREL ADAM ET EVE

ADAM et EVE chassés du PARADIS

NOE construit L'ARCHE

LE DELVGE

SORTIE de L'ARCHE

ANNALES DE L'ANTIQUITÉ

CINQUANTIÈME SIÈCLE AV. J.-C. — 4963

LA CRÉATION DU MONDE

A COMMENCEMENT Dieu créa le ciel et la terre.

Ces premières paroles, écrites par le premier des historiens, *Moïse*, sont l'unique point de départ des annales de l'humanité.

Quiconque étudie l'histoire est forcé, s'il veut être conséquent dans sa méthode, de remonter à Dieu, sans lequel rien ne saurait exister.

Quand donc le Seigneur eut commandé d'être à la lumière, quand il eut établi l'ordre parmi les éléments, qu'il eut fait naître sur la terre, les végétaux, les animaux, les oiseaux dans les airs, les poissons dans les eaux, « il vit que cela était bon » et il dit : « Faisons l'homme à notre image, et qu'il domine sur tous les animaux qui demeurent sous le ciel. »

Il plaça Adam, ce roi de l'univers, dans un lieu de la terre particulièrement riche et riant, comme un jardin, que dans la langue des Perses on appelait *Pardes*, d'où est venu le nom de *Paradis*. L'Écriture sainte nomme Eden ce séjour de délices. Elle nous apprend que quatre cours d'eau l'arrosaient ; deux, le Tigre et l'Euphrate, qui ont conservé leur nom primitif, nous font connaître la région de l'Asie qu'occupait le Paradis.

Dieu avait dit : « Il n'est pas bon que l'homme soit seul : faisons-lui une aide semblable à lui. » Cette aide, cette compagne fut Ève. On sait trop quel usage tous deux firent de leur liberté, quel fut leur châtiment.

Dieu, en laissant Adam et Ève isolés sur la terre maudite, leur promit qu'un Sauveur régénérerait leur race déchue et condamnée, et cette affirmation divine, transmise par la *tradition*, a soutenu pendant quatre mille ans, dans ses vicissitudes, le peuple qui en était le dépositaire.

QUARANTE-NEUVIÈME SIÈCLE. — MORT D'ABEL. — **4833.** — Pour la première fois, la terre est rougie de sang humain. CAIN, fils aîné d'Adam et d'Ève, tue son frère ABEL. Dieu, dit le Livre saint, « mit un signe en Cain, afin que quiconque le trouverait ne le tuât pas. » L'effroi mystérieux que le meurtrier inspire est dès lors son supplice; il s'enfuit avec sa famille, « à l'orient d'Éden, » et c'est pour se cacher que, le premier, il élève des murailles, « il bâtit une ville. » Ses descendants sont les inventeurs de l'industrie, des arts, de l'agriculture : l'Écriture nomme « *Tubalcaïn*, habile à travailler le fer et l'airain ; *Jubal*, père de ceux qui jouent de la harpe et de la cithare; *Jabel*, père des habitants des tentes et des pasteurs. »

« Ève eut encore un fils et elle lui donna le nom de SETH, disant : « Dieu m'a donné un autre fils au lieu d'Abel, que Cain a tué. » Et Seth aussi eut un fils, qu'il appela *Enos* : celui-ci commença d'invoquer le nom du Seigneur. »

Si l'histoire loue ainsi la piété de la famille de Seth, c'est que déjà à la suite du fratricide, les jalousies, les haines, les violences et les meurtres s'étaient répandus dans le monde et que la plupart des hommes avaient oublié Dieu.

La longue vie accordée aux patriarches, témoins des premiers âges, fut le moyen par lequel, à défaut de l'écriture, se transmit et se conserva de famille en famille la notion de la Vérité. « Adam vécut neuf cent trente ans; la vie de Seth fut de neuf cent douze ans; l'un de ses arrière-petits-fils, le pieux HÉNOCH, mourut à l'âge de trois cent soixante-cinq ans, « puis il ne parut plus, parce que Dieu l'enleva. » Le fils de ce juste, MATHUSALEM, était âgé de neuf cent soixante-neuf ans lorsqu'il mourut; il fut père de Lamech, père de Noé.

TRENTE-QUATRIÈME SIÈCLE. — DÉLUGE. — **3308.** — « Dieu voyant que la malice des hommes se multipliait sur la terre, se repentit de ce qu'il avait créé l'homme, et ému de douleur au dedans de lui-même : « J'exterminerai de la face de la terre, dit-il, l'homme que j'ai créé, depuis « l'homme jusqu'aux animaux, depuis le reptile jusqu'aux oiseaux du « ciel. »

« Mais Noé trouva grâce devant le Seigneur, Noé était un homme juste au milieu des siens.

« Dieu dit à Noé : « Fais-toi une arche de bois de cèdre. » Et il prit soin de déterminer les mesures et la distribution que le patriarche devrait observer dans la construction de cette vaste nef. « Voilà que moi j'amènerai sur la terre les eaux du ciel pour détruire toute chair. »

« Noé fit tout ce que Dieu lui avait ordonné, et le Seigneur lui dit : « Entre dans l'arche, toi, et toute ta famille, et fais entrer deux de tous « les animaux, afin qu'ils vivent avec toi. »

« L'an six cent de la vie de Noé, au second mois, le dix-septième jour, « toutes les sources du grand abîme furent rompues, et les cataractes « du ciel furent ouvertes. Et la pluie tomba durant quarante jours et « quarante nuits ; et les eaux s'élevèrent fort au-dessus de la terre : « or l'arche était portée sur les eaux.

« Et tout ce qui avait un souffle de vie sur la terre mourut. Noé resta « seul, et ceux qui étaient avec lui, dans l'arche. Et les eaux couvrirent « la terre pendant cent cinquante jours.

« Or Dieu se souvint de Noé et de sa famille, il envoya un souffle sur la « terre ; les eaux poussées de côté et d'autre commencèrent à décroître ; « après cent cinquante jours elles se retirèrent, et l'arche s'arrêta au « septième mois, le vingt-septième jour, sur les montagnes d'*Ararat.* »

« Noé sortit donc et ses fils et sa femme, et les femmes de ses fils ; il « éleva un autel au Seigneur et offrit un holocauste sur l'autel.

« Et le Seigneur bénit Noé et ses fils, et leur dit : « Entrez sur la terre, « croissez et remplissez la terre ; toutes les créatures sont mises en vos « mains. J'établis mon alliance avec vous, et avec votre postérité après « vous. » Et montrant à Noé la courbe richement colorée que produit le « rayon solaire quand il se divise en traversant les vapeurs flottantes dans « le ciel, le Seigneur dit : « Voici le signe de l'alliance que j'établis entre « vous et moi. Lorsque je couvrirai le ciel de nuées, mon arc paraîtra, « et je me souviendrai de l'alliance perpétuelle qui est établie entre Dieu « et toutes les créatures vivantes sur la terre, et il n'y aura plus désor- « mais de déluge pour détruire toute chair. »

XXXᵉ & XXVᵉ SIECLE ᴀᵥ J.C.

SEM   TOVR ᴅᴇ BABEL. DISPERSION ᴅᴇs PEVPLES   JAPHET

FO-HI   ISIS   CHAM   OSIRIS   MENÈS

TRENTIÈME SIÈCLE AV. J.-C.

DISPERSION DES PEUPLES

Noé vécut après le déluge trois cent cinquante ans : Ses fils, qui sortirent de l'arche, étaient Sem, Cham et Japhet ; d'eux descend toute la race des hommes qui se répandit sur la terre. »

Leurs familles, devenues nombreuses, habitaient dans les plaines de Sennaar, entre l'Euphrate et le Tigre. Elles s'y trouvèrent bientôt à l'étroit et convinrent de se séparer.

« Or ils n'avaient qu'une seule prononciation et une seule langue et ils se dirent l'un à l'autre : « Allons, faisons des briques, et mettons-les dans « le feu (car ils se servaient de briques au lieu de pierres, et de bitume au « lieu de mortier). Bâtissons-nous une ville et une tour dont le faîte « s'élève jusqu'au ciel, et rendons célèbre notre nom, avant que nous « soyons dispersés sur la face de la terre. »

« Et le Seigneur dit : « Voilà un seul peuple et ils n'ont qu'un seul « langage : ils ont commencé et ils n'abandonneront pas leur travail « avant de l'avoir accompli. Confondons leur langage de manière qu'ils « ne s'entendent plus les uns les autres. » Et ils cessèrent de bâtir leur ville et elle fut appelée Babel. Et ainsi le Seigneur les dispersa de ce lieu sur toute la face de la terre (2907). »

Les fils de Sem s'éloignèrent peu de la ville de confusion. « Ce furent Élam, qui devint le père des Persans, Aram, chef des Syriens, Lud, chef des Lydiens. Arphaxad, en Arménie, fut le grand père d'Héber, ancêtre d'Abraham.

La postérité de Cham, l'enfant irrévérencieux qu'avait maudit Noé, se dirigea vers l'Afrique par le sud-ouest de l'Asie. Mesraïm s'établit en Égypte ; une portion de la famille de Cus peupla l'Éthiopie ; l'autre partie, restée en arrière, devint la souche des Arabes occidentaux et des Phéniciens. Chanaan demeura sur le littoral de la mer Intérieure. Autour de lui, ses fils furent les chefs des Héthéens, des Jébuséens, des Amorrhéens, des Gergeséens, etc. De Phétrusim sortirent les Philistins, nations fameuses par leurs guerres contre Israël. La Bible prend soin de nous apprendre les limites de leurs possessions : « en sorte » dit-elle, « que l'enceinte de leur pays était fermée d'un côté par les villes de Sidon, de Gaza, et, de l'autre, par celle de Sodome, de Gomorrhe, d'Adama, de Seboïm.

Les fils de Japhet (ou Iapet selon les Grecs,) paraissent avoir été les premiers habitants de l'Asie septentrionale et de l'Europe. Javan ou Ion fut le père des Ioniens ou Grecs ; de Gomer descendent les Galates, Gaulois ou Celtes ; Madaï aurait été le chef des Mèdes, et Magog celui des Scythes.

Avant le temps où les éléments des nations futures quittent leur berceau, un empire est déjà fondé à l'est de la vaste Asie, dans cette contrée que les anciens appelleront le pays des Serres (marchands de soie) et qui, en dernier lieu, empruntera d'une de ses dynasties royales le nom de Tsin (Chine).

Quelle fraction de la famille échouée sur les montagnes d'Arménie s'est transplantée dans cette région éloignée? l'histoire n'en retrouve aucune trace.

Dès l'an 2953, le roi Fo-Hi prépare la civilisation de son peuple par des

Institutions sages, des inventions utiles; on lui attribue celles de la musique et de l'écriture. Il partagea le ciel en degrés et organisa le calendrier; il reconnut un Dieu suprême et lui rendit un culte.

En 2357 règne le grand *Yao*.

VINGT-CINQUIÈME SIÈCLE AVANT J.-C. — **ÉGYPTE**. — **2450**. — La Bible ne désigne cette partie de l'Afrique que par le nom de *Terre de Misraïm*. D'après un groupe de figures hiéroglyphiques, il paraîtrait que les habitants primitifs l'appelaient *Kemi*, mot que l'on retrouve dans l'idiome copte, le plus ancien des dialectes égyptiens, et qui signifie *noir*, couleur de la terre végétale accumulée dans la fertile vallée du Nil. Le nom d'Égypte est d'origine grecque, les Turcs l'ont abrégé et en ont fait *Gypt*.

Si les tribus émigrantes de Misraïm et de Chus s'arrêtèrent tout d'abord dans cette région, c'est que sans doute ils furent retenus par la richesse du sol, favorable à la prospérité des troupeaux. De là, le génie de l'agriculture se développa parmi les pasteurs; ils s'établirent d'une manière fixe, et ainsi naquirent les premières villes de l'Égypte, qui devinrent de puissantes cités.

Tandis que la postérité de Sem, demeurée au foyer des saines traditions, conservait au milieu d'elle de fidèles patriarches, les descendants des familles émigrées oubliaient insensiblement, dans la terre étrangère, la religion d'un Dieu unique, et, obéissant au besoin inné de l'homme de prier, d'espérer, de croire, ils commencèrent à diviniser toutes choses, mystérie. ses. bienfaisantes, ou même nuisibles.

Dans l'idolâtrie abstraite des premiers Égyptiens, nous pouvons reconnaître encore un écho affaibli des vérités bibliques : à Thèbes, on révère *Kneph*, l'Ammon des Grecs, *Ptah* à Memphis; ils sont avec *Fré* les trois Dieux créateurs, désignés à la fois par le nom de *Khnuefis*. *Bouto* représente la matière primitive sous la forme d'un œuf; plusieurs autres qui

personnifient la pensée, les éléments, reçoivent en divers lieux des hommages, mais *Osiris*, et *Isis* son épouse, ont partout des temples, des prêtres, des rites et des fêtes.

« Isis, grande déesse, qui est une et mère de toutes choses; » sur le fronton de son temple à Saïs, on lisait cette inscription : « Je suis tout « ce qui a été, qui est, qui sera, et nul mortel n'a encore levé le voile qui « me couvre. »

Le culte d'Osiris (le soleil), et celui d'Isis (la terre ou la nature), paraissent être aussi l'expression symbolique de l'influence des astres sur les travaux agricoles.

Le temps amena dans les premières sociétés des usages qu'il fallut régler par des lois. L'organisation de l'ancienne Égypte admettait trois *castes* ou catégories distinctes de citoyens : le peuple, ou caste inférieure, nourrissait, enrichissait par des impôts et des redevances les prêtres, caste privilégiée, qui exerçait la souveraine autorité et avait à sa solde les guerriers, seconde caste supérieure, souvent oppressive. Vers l'an 2450, ces derniers s'étant lassés d'obéir aux prêtres, un chef militaire nommé Menéi ou Mxxès, dirigea la révolte, établit le gouvernement royal, et transmit le pouvoir à ses descendants. Il commença d'élever la ville de *Memphis*. Une très-longue suite de rois succéda à Menès. C'est sous la troisième dynastie que furent élevées les premières pyramides, les plus anciens monuments dans le monde connu. Celles de *Gizeh* surtout remarquables, sont dues aux rois *Chéops, Chréphrem, Mycérinus*.

Plusieurs petits États appelés *nomes* se formèrent en Égypte. Ceux de Thèbes, This, Éléphantine, Héracléo, Diospolis, Xoïs et Tanis. Ils eurent des rois indépendants qui régnèrent simultanément, et donnèrent à l'Égypte seize dynasties depuis *Menès* jusqu'à *Timaos*. On compte parmi ces rois dix-huit princes Éthiopiens, ce qui suppose des invasions ou des conquêtes de l'Égypte par des peuples de l'Éthiopie.

LOTH quitte SODOME — XXIII.e SIÈCLE AVANT J.C. — AGAR et ISMAEL

ABRAHAM ET ISAAC.

ESAÜ ET JACOB — JOSEPH explique les songes du PHARAON — JACOB bénit les enfants de JOSEPH

Imp. Lemercier & C.ie Paris.

VINGT-TROISIÈME SIÈCLE AV. J.-C.

VOCATION D'ABRAHAM

Comme les peuples, dit Bossuet, « marchaient chacun en sa voie, et oubliaient Celui qui les avait faits, Dieu, pour empêcher le progrès d'un si grand mal, au milieu de la corruption, commença à se séparer un peuple élu. » Abraham fut choisi pour être la tige et le père de tous les croyants. »

Abraham, fils de *Tharé*, descendant d'*Héber*, de qui les *Hébreux* tiennent leur nom, habitait la ville d'*Haran* en Chaldée.

Or le Seigneur dit à Abraham : « Sors de ta terre et de ta parenté, et « viens en la terre que je te montrerai. Et je ferai sortir de toi une grande « nation et je donnerai cette terre à ta postérité, depuis le fleuve « d'Égypte jusqu'au grand fleuve d'Euphrate. »

2296. — « Abraham donc, prit Sara sa femme, et Loth, fils de son frère, « et les esclaves qu'il avait acquis à Haran ; et tout ce qu'il possédait, et « ils sortirent pour venir en la terre de *Chanaan*. »

Le patriarche dressa ses tentes en ce lieu, « ayant *Béthel* à l'occident, et *Haï* à l'orient, et là il éleva un autel au Seigneur. »

Il arriva « qu'une querelle s'émut entre les pasteurs de Loth et ceux d'Abraham ; » Tous deux convinrent de se séparer ; « Loth choisit pour lui la plaine du *Jourdain*, et habita à *Sodome*. » Lorsque le feu céleste détruisit cette cité, il s'enfuit à Ségor. Mais, comme les autres villes du territoire nommé la *pentapole*, elle périt à son tour. Loth se réfugia dans les montagnes. Ses deux fils : *Moab* et *Ammon* sont la souche des *Moabites* et des *Ammonites*.

Les peuples sont groupés, les empires se fondent ; dès lors, l'ambition des souverains, les rivalités de nation à nation, développent l'esprit de conquête et d'agression, et nous voyons apparaître *la guerre*, fléau qui ne cessera plus de troubler l'univers.

Les rois de Sodome, de Gomorrhe, d'Adama, de Séboïm et de Ségor « avaient servi douze années *Chodorlahomor*, roi d'*Elam* (Perse) ; mais, à « la troisième, ils s'étaient révoltés. A la quatorzième, Chodorlahomor « vint, et, avec lui, » trois princes, ses voisins, « et ils ordonnèrent la bataille : quatre rois contre cinq. »

Le roi d'Elam et ses alliés furent défaits : ils s'enfuirent, « enlevant « toutes les richesses de Sodome et de Gomorrhe, et tous leurs vivres, « et emmenèrent aussi Loth. »

« Or, quand Abraham apprit que Loth était captif, il arma trois cent « dix-huit de ses serviteurs, les plus habiles, » et, pendant la nuit, il se jeta sur les ennemis, les défit et les poursuivit jusqu'à *Dan*, « et il ramena « toutes les richesses de Loth, et son frère et sa femme et le peuple. »

Alors MELCHISÉDECH, roi de Salem (plus tard Jérusalem), et, prêtre du Dieu Très-Haut, vint au-devant d'Abraham victorieux, le bénit, et offrit en action de grâces le *pain* et le *vin*, sacrifice pacifique que devait renouveler à son exemple le pontife de la loi nouvelle, Notre Seigneur Jésus-Christ.

Abraham offrit au prêtre-roi la dîme des dépouilles de l'ennemi, mais il refusa pour lui-même la part de butin que voulait lui abandonner le roi de Sodome, disant : « Je ne veux pas que tu dises : J'ai enrichi Abraham. »

L'intervention désintéressée et la vaillante intrépidité d'un saint patriarche, la crainte respectueuse qu'il inspire comme chef d'une tribu nombreuse (l'Écriture nous apprend qu'on lui donne le titre de « prince » et « qu'il était très-riche en possession d'or et d'argent, ») l'éclat de cette puissance et de cette opulence dans la vie pastorale, méritent l'attention de quiconque étudie l'histoire au point de vue des mœurs d'une époque et d'une nation.

Mais ce qui signale surtout Abraham, c'est cet acte d'inébranlable foi aux promesses divines, cette obéissance héroïque qui arme son bras pour sacrifier à Dieu son fils Isaac.

L'usage de ces temps primitifs, qui s'est conservé chez les peuples orientaux, admettait qu'un chef de famille eût plusieurs épouses. Abraham avait élevé à ce rang l'esclave égyptienne, Agar ; avant qu'Isaac fût né, elle eut un fils nommé Ismaël. « Sara ayant vu le fils d'Agar se « jouant d'Isaac, dit à Abraham : « Chassez cette servante et son fils, car « le fils de la servante ne sera point héritier avec mon fils Isaac. » Abraham écouta ceci avec peine, toutefois il y souscrivit.

2160. — L'enfant et sa mère erraient dans l'aride solitude de *Bersabée*, Ismaël, épuisé par la soif, allait mourir, mais Dieu le sauva. « Il grandit « et devint habile à tirer de l'arc. Il habita au désert de *Pharan*, et sa « mère lui choisit une femme de la terre d'Égypte. »

Ismaël est le chef des tribus arabes appelées les *Ismaélites*.

Nous pouvons remarquer actuellement, pour la première fois, l'usage des métaux comme objet d'échange. Après la mort de Sara, Abraham paye au prix du poids « de quatre cents sicles d'argent, en monnaie qui avait cours, » le sépulcre où il veut ensevelir cette chère dépouille.

Les Égyptiens, dans les affaires commerciales importantes, payaient en anneaux d'or ou pur, ou en anneaux d'argent d'un certain poids.

Remarquons encore que, à mesure que la race humaine s'est multipliée, la durée de la vie a décru. Les jours d'Abraham n'excèdent pas cent soixante et quinze ans ; Isaac, son fils, meurt âgé de cent quatre-vingts ans, « consumé par l'âge, » dit le texte sacré.

ÉGYPTE. — 2200. — Sous le règne de *Timaus*, l'Égypte est envahie par les *Hycsos*, tribu de pasteurs nomades, la plupart Arabes ou Phéniciens. Ces étrangers s'implantent dans la basse Égypte, placent sur le trône un

des leurs, *Salatis*, qui s'établit à *Memphis*, et commence la dix-septième dynastie. C'en est fait de la brillante civilisation, de la richesse de l'Égypte. *Thèbes*, la *ville aux cent portes*, est détruite par ces barbares.

HÉBREUX. — 2129. — A Jacob, favorisé de la bénédiction paternelle, le Seigneur, dans une vision céleste, renouvelle la promesse, faite à Abraham, d'une immense postérité. Il est nommé Israël. *Esaü* ou *Edom*, son frère, déshérité, s'allie à la famille d'*Ismaël* ; comme le fils de l'esclave, il habite au désert et devient le père des Arabes *Iduméens*.

2090. — N'est-il pas superflu de rappeler ici les infortunes du fils de Jacob et de sa bien-aimée Rachel, de Joseph haï de ses frères, vendu par eux, transporté en Égypte ?

Esclave et prisonnier, il est admis à expliquer les songes qui ont épouvanté le Pharaon de Tanis, Ramsès, selon les uns, les autres disent Tao-tmosis. Il sauve et enrichit l'Égypte par sa sagacité et sa prévoyance, et il se voit élevé au poste le plus éminent de l'État. « Nul sans ton commandement, » lui dit le Pharaon « ne remuera la main ni le pied dans toute la terre d'Égypte. »

Ce maître reconnaissant et magnifique veut que la famille du *Sauveur* de l'Égypte vienne participer à sa prospérité : « toutes les richesses de cette terre seront à vous ; » et il établit ces pasteurs dans la fertile *vallée de Gessen*. Ainsi commence le séjour des Israélites dans ce pays (2076) où, « ils se multiplièrent comme des rameaux et devinrent puissants. »

Jacob, âgé de cent quarante-sept ans, termine auprès de son fils chéri, si amèrement pleuré, « des jours courts et mauvais. » Avant d'expirer, ses mains bénissent ses dix fils et les deux enfants de Joseph, et sa voix prophétise une destinée spéciale à chacun des ces douze rejetons qui seront les chefs de la nation israélite. Joseph présente à l'imposition de sa main droite son fils aîné *Manassé*, mais le patriarche réserve cette prérogative au plus jeune *Ephraïm*, annulant ainsi ce droit d'aînesse qui, naguère, excita longtemps contre lui le ressentiment de son frère Esaü.

Dieu, dit-il à tous, « vous fera retourner en la terre de vos pères, » et pressentant la royauté qui régira sa nation, il annonce par ces paroles la glorieuse vocation de la tribu de *Juda*, de laquelle naîtra le Christ : « Le sceptre ne sortira point de Juda, jusqu'à ce que vienne Celui à « qui appartient le sceptre et qui est l'*attente des nations*. »

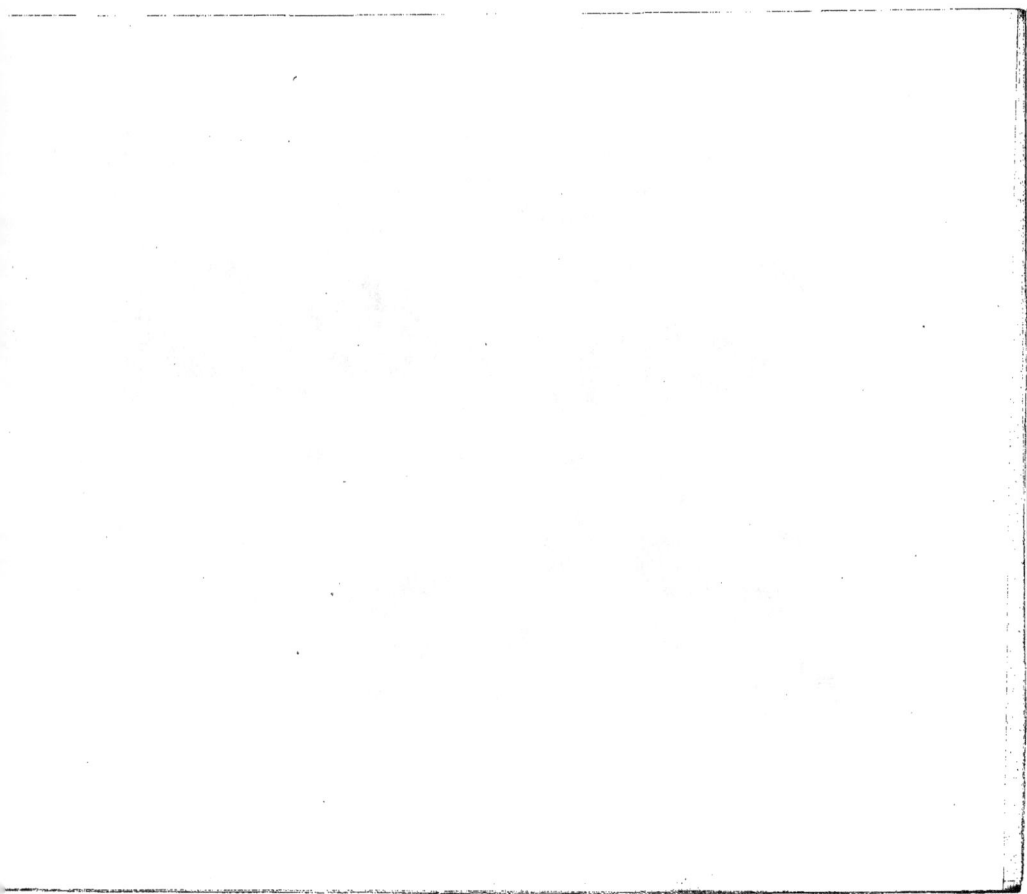

XX.ͤ XIX.ͤ SIECLES av. J.C.

BELVS   SEMIRAMIS   NEMROD

LES CHALDÉENS ASTRONOMES   PELAGVS EN ARCADIE   CARACTÈRES ÉCRITS par les SIDONIENS

ARGOS FONDÉE par INACHVS en 1986 av J.C.

TROIE FONDÉE PAR TROS

VINGT ET UNIÈME ET VINGTIÈME SIÈCLES AV. J.-C.

FONDATION DES EMPIRES

Les historiens s'accordent à reconnaître en *Thoutmosis I*, de l'ancienne race thébaine, celui qui reconquiert le trône d'Égypte sur les rois hycsos, lesquels formèrent la dix-septième dynastie. L'expulsion totale de ces étrangers ne sera toutefois consommée que deux siècles plus tard.

ÉGYPTE. — 2000. — La dix-huitième dynastie compte quelques princes que leurs œuvres ont sauvés de l'oubli. *Thoutmosis III*, qui est « aussi appelé par les Grecs *Mœris*, fait creuser dans l'*heptanomide* un « immense réservoir ou lac artificiel appelé lac Mœris, destiné à recevoir « et à conserver l'excédant des inondations du Nil, afin de les déverser « sur l'Égypte lorsqu'elles seront insuffisantes. »

ASSYRIE. — En signalant les chefs de tribus qui s'éloignèrent de Babel inachevée, l'Écriture a nommé un « fils de Chus (petits-fils de Cham) Nemrod, qui, le premier, fut puissant sur la terre. Nemrod fut un violent chasseur devant Dieu. Les premières villes de son royaume étaient Babylone (et quelques autres maintenant inconnues) en la terre de Sennaar. »

« De cette terre sortit Assur (fils de Sem), et il bâtit *Ninive* et les places de cette ville. »

Huit rois succédèrent à Nemrod, puis, ces mêmes Hycsos qui ont envahi l'Égypte, asservirent la Babylonie et s'y maintinrent pendant un siècle.

VINGTIÈME SIÈCLE. — 1990. — Bélus, roi de Ninive, parvient à les chasser, il règne sur Babylone affranchie, et cette réunion des deux couronnes constitue le *premier empire d'Assyrie*. Rien n'est plus incertain que ces premiers éléments de l'histoire. Les noms des rois, soumis à la prononciation et à l'orthographe des peuples qui les ont transcrits, ont subi de successives altérations. Aujourd'hui le kourde nomade, en paissant son troupeau dans les plaines autrefois celles de Sennaar, désigne par le nom de tour de *Nemrod*, une ruine demeurée au sommet d'un immense amas de terre, qui garde sous ses flancs profonds les secrets historiques inscrits sur les murailles de Babel, et sur celles de l'observatoire des astronomes chaldéens.

Les Babyloniens, devenus idolâtres, firent de Bélus le Dieu *Bel* (le *Baal* des Hébreux). *Ninus*, fils de Bélus, agrandit Ninive; mais si quelque éclat rehausse son nom, il le doit surtout à son titre d'époux de *Sémiramis*, laquelle fit de Babylone l'une des sept merveilles du monde, conquit l'Arabie, l'Égypte, une partie de l'Éthiopie et de la Libye et toute l'Asie jusqu'à l'Indus.

Cette Syrienne sans naissance, dont Ninus, charmé par sa beauté, voulut faire une reine, eut assez d'ambition pour qu'on l'accuse d'avoir empoisonné son mari, afin d'exercer sans contrainte, et pour sa seule gloire, les talents extraordinaires qui l'ont rendue si fameuse. Nous aimerions à l'absoudre pour l'admirer, mais peut-être serait-il superflu de nous abandonner à ce plaisir, l'erreur et l'histoire se partagent sa renommée: quelques auteurs placent Sémiramis au douzième, et même au huitième siècle avant J.-C.; en présence de ces contradictions, on est contraint de

2

conclure que les actions attribuées à l'épouse de Ninus appartiennent à plusieurs princesses du nom de Sémiramis.

Ce nom, splendide et sonore, rattache à la fable l'existence de celle qui le portait ; en langue syrienne, il signifie *colombe*. Sémiramis aurait été nourrie par ces aimables oiseaux.

Son fils *Ninyas* lui ravit le trône par un crime et commence la liste des rois fainéants de l'Assyrie.

GRÈCE. — **1986.** — INACHUS, surnommé *fils de l'Océan*, Phénicien d'origine, qui habitait l'Égypte, vient aborder en Grèce, à la tête d'une troupe d'aventuriers de sa nation, d'Arabes pasteurs et d'Égyptiens, et fonde la ville d'Argos, appelée d'abord *Phoronique* par son fils PHORONÉE, qui eut après lui le titre et l'autorité de roi.

Argos donna son nom à la capitale de l'*Argolide* et en fut le troisième souverain.

Les descendants d'Inachus, appelés *Inachides*, fondèrent *Corinthe*, *Mycène*.

DIX-SEPTIÈME SIÈCLE. — **1883.** — Les *Pélasges*, issus de Javan, fils de Japhet, venus des bords du Pont-Euxin, envahirent la Thrace, la Macédoine, l'Illyrie, l'Épire, la Thessalie, puis la Grèce centrale, et enfin s'établirent dans la partie du Péloponèse appelée *Arcadie*. Grossiers et sauvages, ils ne commencèrent à se civiliser que lorsque des colonies de Phéniciens et d'Égyptiens eurent apporté dans l'Attique les mœurs policées, les arts, l'industrie et l'esprit de négoce qui caractérisent ces deux nations. Les Pélasges purent, à ce contact, perdre un peu de leur rudesse native, mais néanmoins ils ne cédaient qu'à regret à cette influence; aussi, partout où se fixèrent dans la suite leurs migrations, en Italie, dans l'Asie Mineure, ils furent dépossédés, dominés et voués à l'infériorité, à l'esclavage même, par les derniers venus. PÉLASGUS, petit-fils d'Inachus, fut leur premier roi.

Leurs travaux dans les mines et les forges des îles de Lemnos, de Samothrace et dans la Sicile, leur usage d'attacher une lampe au devant de leur tête pour pénétrer sous terre, ont donné lieu à la fable des cyclopes, pourvus d'un œil unique au milieu du front.

Leurs constructions gigantesques, appelées *monuments Cyclopéens*, attestent la hardiesse et la force attribuées aux Titans fabuleux : elles consistent en blocs énormes, taillés irrégulièrement et superposés sans être joints par le ciment.

Sicyone, ou *Egialée*, est la plus ancienne des cités grecques.

1880. — Dans la contrée âpre et montagneuse où coule l'*Eurotas*, en *Laconie*, s'élève SPARTE, qui sera l'austère rivale d'Athènes l'élégante, la lettrée. *Sparton*, fils de Phoronée, passe pour son fondateur.

1883. — Sous OGYGÈS, roi pélasge, un déluge inonde l'*Attique* et la *Béotie*. Ce désastre est appelé le *déluge d'Ogygès*.

DIX-HUITIÈME SIÈCLE. — **1743.** — LÉLEX, ou l'un des *Lélèges* venus de l'Asie Mineure, est le premier roi de Sparte.

ÉGYPTE. — Parlerons-nous d'*Osymandias*? La date de son règne est inconnue, il emprunte sa renommée à celle de son tombeau, dont l'emplacement est douteux ; au souvenir d'une pensée ingénieuse qui lui est attribuée : le nom de *remèdes de l'âme* appliqué par lui à la bibliothèque publique qu'il aurait fondée.

Sous RAMSÈS Ier, ou AMÉNOPHIS, l'histoire de l'Égypte est intimement liée à celle des Hébreux. Le Dieu d'Abraham s'affirme par des prodiges en faveur de ces derniers, « afin, dit le Seigneur, que mon nom soit raconté dans toute la terre. »

HÉBREUX. — **1728.** — Moïse. « Un nouveau roi se leva sur l'Égypte, « lequel ne connaissait point Joseph. Et il dit à son peuple : « Voici le « peuple d'Israël qui est grand et plus fort que nous. Opprimons-le, de « peur qu'il ne se multiplie, et que, si une guerre s'élève contre nous, « il ne se joigne à nos ennemis. »

« Il préposa donc sur eux des intendants pour les accabler de travaux, « et ils bâtirent à Pharaon les villes de *Phithom* et de *Ramessès*. Mais plus « ils étaient opprimés, plus ils se multipliaient. »

« Pharaon commanda donc : « Tout enfant mâle qui naîtra aux Hé- « breux, jetez-le dans le fleuve. »

Or nous savons comment, par un premier miracle, le frêle berceau où dort le futur libérateur des Hébreux, Moïse, est recueilli par la fille même de Pharaon, « et elle l'adopte pour son fils. »

« Devenu grand, Moïse sortit vers ses frères et vit leur affliction, et un « Égyptien qui frappait un Hébreu, il tua l'Égyptien. Or Pharaon cher- « chait à faire périr Moïse, qui, fuyant sa présence, habita en la terre de

— 15 —

« *Madian*, » non loin du mont *Horeb*, où, du sein d'un buisson ardent, il entendit ces paroles : « Je suis celui qui suis, le Dieu d'Abraham, « d'Isaac et de Jacob. J'ai vu l'affliction de mon peuple; je t'enverrai « vers Pharaon afin que tu retires de l'Égypte les enfants d'Israël. Et « tu lui diras : Le Seigneur Dieu des Hébreux nous a appelés, nous « irons trois jours au désert pour sacrifier au Seigneur notre Dieu. Je « sais qu'Aaron, ton frère, de la tribu de Lévi, est éloquent, il parlera « pour toi au peuple, il sera ta bouche et tu lui révéleras les choses « qui appartiennent à Dieu. »

« Mais je sais que le roi ne permettra pas que vous sortiez, si ce n'est « par la force. Et j'étendrai ma main, et je frapperai l'Égypte de toutes « mes merveilles, et, après cela, il vous laissera aller. Et je vous retirerai « en la terre des Chananéens, des Amorrhéens, des Héthéens, des Phéré- « zéens, des Hévéens, des Jébuséens, terre où coulent le lait et le miel. »

La religion des Égyptiens ayant admis parmi leurs dieux un grand nombre d'animaux, les Hébreux devaient s'abstenir d'en immoler en sacrifices dans les lieux habités.

A la prière de Moïse et d'Aaron, le Pharaon répondit : « Qui est le « Seigneur pour que j'écoute sa voix? Je ne laisserai point aller Israël « Pourquoi détournez-vous le peuple de ses œuvres? Allez à vos travaux. « Et il commanda aux intendants : « Que les Hébreux soient accablés de « travaux et qu'ils les accomplissent, afin qu'ils ne se prêtent point aux « paroles de mensonge. »

Moïse frappe neuf fois l'Égypte de calamités étranges; le Pharaon épouvanté, dans d'un repentir éphémère, se soumet, prie l'Hébreu de délivrer son peuple; mais à peine est-il affranchi du fléau, qu'il s'éloigne, « rentre dans son palais et ne fléchit pas son cœur. »

Enfin, *dixième plaie d'Égypte*, pendant une affreuse nuit, la mort frappe tous les premiers nés des Égyptiens « depuis le fils de Pharaon « qui s'assied sur son trône, jusqu'au premier né de l'esclave qui fait « tourner la meule, et jusqu'au premier né des animaux. Et un grand « cri s'entendit en Égypte, car il n'y avait pas de maison où il n'y eût « un mort. »

« Et ayant appelé Moïse et Aaron durant la nuit, Pharaon leur dit : « Sortez d'avec mon peuple; allez, sacrifiez au Seigneur. Et les Égyptiens « pressaient Israël de sortir de leur terre, disant : Nous mourrons tous ! »

DIX-SEPTIÈME SIÈCLE AV. J.-C.

SORTIE D'ÉGYPTE

AYANT célébré *la Pâque* les Israélites « partirent de
» Ramessès pour Socoth, environ six cent mille hommes
» à pied, sans les enfants, et une troupe immense s'en
» alla avec eux, emmenant des brebis, des bœufs, des
» troupeaux en très-grand nombre; ils suivirent la voie
» du désert qui est près de la *mer Rouge* »

Quand Pharaon en fut instruit, « son cœur et celui de ses serviteurs fut
» changé contre les Hébreux, et ils dirent : « Qu'avons nous fait d'avoir
» laissé aller Israël afin qu'il ne nous serve plus? » Il attela donc son
» char et prit six cents chars d'élite et les chefs de toute l'armée. »

« Moïse étendit sa main sur la mer; un vent impétueux et brûlant la
» fit retirer et l'eau fut divisée; les enfants d'Israël entrèrent au milieu
» de la mer à sec. Et toute la cavalerie de Pharaon, ses chars et ses
» cavaliers, les poursuivant, y entrèrent après eux. » De nouveau, Moïse
» étendit la main, et « la mer retourna dès le matin en son premier lieu,
» les eaux vinrent à la rencontre des Égyptiens, le Seigneur les enveloppa
» au milieu des flots, et il n'en demeura pas un seul. »

« Mais les enfants d'Israël s'avancèrent à pied sec au milieu de la mer;
» les eaux étaient comme une muraille à droite et à gauche (1645). »

Loi écrite. — **1648**. — Jusqu'alors, les traditions léguées par les
patriarches ont été les seuls guides de leur postérité. Dieu, au moment d'introduire son peuple choisi dans la terre où il veut être
adoré, va lui préciser les devoirs religieux et civils selon lesquels cette

société doit vivre désormais. A la *loi naturelle* succède la *loi écrite*.

« Or au troisième mois, après que les enfants d'Israël furent sortis
» d'Égypte, ils vinrent au désert de Sinaï, et ils établirent leurs tentes
» au pied de la montagne; » et là, la voix même de Dieu prononça le
Décalogue.

Puis il dicta à Moïse toutes les ordonnances relatives aux cérémonies
de son culte, à la construction du tabernacle, à la consécration des
prêtres; la dignité de souverain pontife fut héréditaire dans la famille
d'Aaron. Dieu prit soin d'établir les règlements de la police pour le
maintien des bonnes mœurs, et enfin tout ce qui constitue le gouvernement d'une nation; et, quand après quarante jours, cette sublime
conférence fut terminée, il remit à Moïse ses dix commandements
principaux, écrits de son doigt divin sur des tables de pierre.

Déjà, pendant cette première partie du trajet des Israélites vers la Terre
promise, l'ingratitude et l'obstination de ce peuple « qui a la tête dure, »
s'étaient révélées par de fréquentes révoltes. Malgré les prodiges que
Dieu multipliait pour les punir et les sauver, ils méconnaissaient sa
main jusqu'à porter leurs hommages au *Veau d'or* (1644).

Trop crédules aux rapports infidèles des douze chefs de tribus envoyés
en Chanaan « pour considérer la terre, ses peuples et ses villes, » ils
s'écriaient en pleurant : « Nous tomberons sous le glaive; que n'avons-
» nous péri dans ces solitudes! Et ils se disaient les uns aux autres :
» Donnons-nous un chef et retournons en Égypte. »

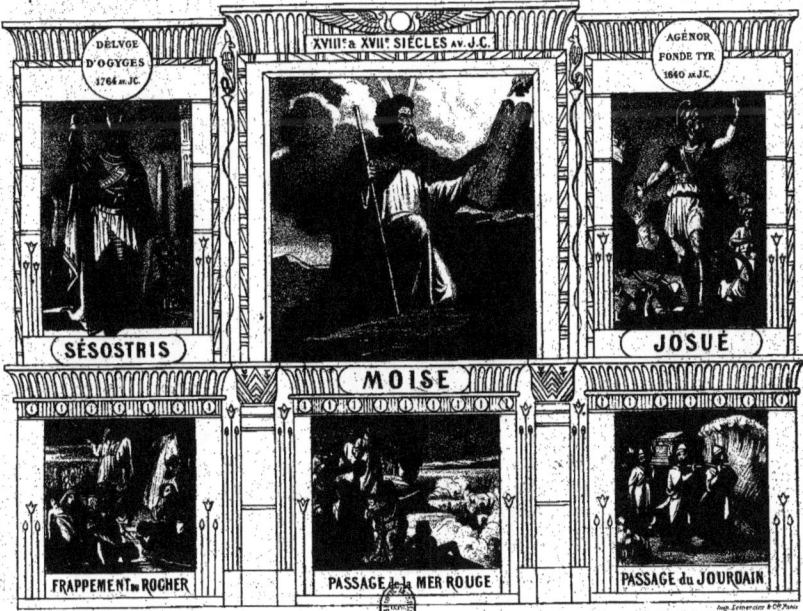

DÉLVGE D'OGYGES 1764 av. J.C.

XVIIIe à XVIIe SIÈCLES av. J.C.

AGÉNOR FONDE TYR 1640 av. J.C.

SÉSOSTRIS

JOSUÉ

MOISE

FRAPPEMENT du ROCHER

PASSAGE de la MER ROUGE

PASSAGE du JOURDAIN

Imp. Lemercier & Cie, Paris

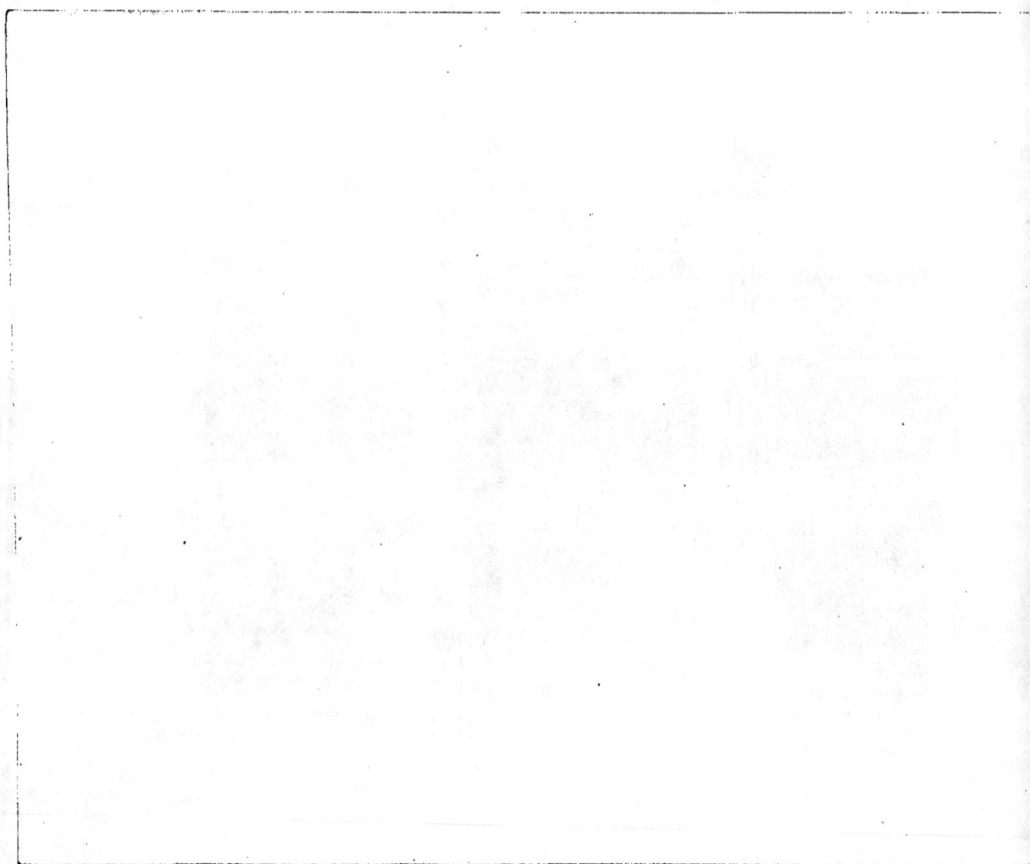

Et le Seigneur irrité leur dit par la voix de Moïse : « Vous qui êtes
« venus d'Égypte depuis l'âge de vingt ans et au-dessus, excepté *Caleb* et
« *Josué* (qui, seuls parmi les douze espions, s'efforçaient de relever le
« courage du peuple), vous ne verrez pas la terre que j'ai promise à
« Abraham. Vos cadavres resteront étendus dans cette solitude et vos
« enfants seront errants en ce désert pendant quarante ans ! »

Un arrêt non moins sévère punit l'imparfaite confiance de Moïse et
d'Aaron en la parole divine. On se souvient que le premier frappa deux
fois de sa verge la pierre d'où son seul commandement devait faire jaillir
une source pour désaltérer le peuple et les troupeaux. « Vous ne con-
« duirez pas ces peuples en la terre que je leur donnerai, » leur dit le
Seigneur ; et lorsque les Israélites vinrent à la montagne de *Hor*, Dieu
parla à Moïse : « Prends Aaron et son fils avec lui, et quand tu auras
« dépouillé le père de ses vêtements, tu en revêtiras *Éléazar* son fils, et
« Aaron mourra en ce lieu. » Et il y mourut la quarantième année
de la sortie d'Égypte ; il était âgé de cent vingt trois ans (1645).

À son tour, Moïse dut accomplir la sentence du Seigneur selon
ces paroles : « Monte sur la montagne de *Nébo*, vis-à-vis de Jéricho, et
« regarde la terre que je donnerai aux enfants d'Israël, et tu n'y entre-
« ras pas, et meurs sur la montagne, parce que tu as prévariqué contre
« moi aux *eaux de contradiction*. Commande à Josué fils du *Nun*, fortifie-
« le ; car il marchera devant ce peuple, et le mettra en possession de la
« terre de Chanaan. Et Moïse mourut là par ordre du Seigneur.

« Or Josué fut rempli de l'esprit de sagesse, parce que Moïse posa les
mains sur lui, et les fils d'Israël lui obéirent. »

ÉGYPTE. — 1645. — Si l'on en croit les fastueuses louanges inscrites
sur les monuments égyptiens les plus récemment explorés, l'Égypte
n'eut point de roi comparable à Ramsès II, *le Grand*, ou *Sésostris*. *Le chéri
d'Ammon* subjugua l'Éthiopie, les Mèdes, les Perses, la Bactriane, l'Arménie, la Scythie, du Tanaïs au Caucase (1640). Les richesses immenses
qu'il rapporta de ses expéditions, les tributs imposés aux nations vaincues, lui permirent d'élever dans toute l'Éthiopie et l'Égypte des temples
et des palais magnifiques, de creuser, du Nil à la mer Rouge, des canaux

pour les transports du commerce avec l'Asie. Sous son règne qui dura,
dit-on, soixante-six ans, l'art égyptien fit de notables progrès ; la puissance
et la prospérité de l'Égypte atteignirent leur plus haut période. Mais il
n'est nullement certain que ces œuvres grandioses appartiennent à la
mémoire du seul Sésostris. Les savants hésitent sur l'époque de son
avénement ; les uns le placent au dix-septième siècle, les autres au
quinzième et plus tard encore ; enfin, conclusion qui se produit néces-
sairement en présence de ces dissidences, il y aurait eu plusieurs
Sésostris. Devenu aveugle, le vieux et grand Ramsès, ne pouvant plus
rien pour sa gloire, se donna la mort, laissant le trône à son fils *Phéron*.

PHÉNICIE. — 1640. — Un peuple issu de Chanaan, dont le territoire
n'occupe que l'étroit espace compris entre l'Anti-Liban et la mer, devien-
dra, par ses aptitudes particulières, l'agent le plus actif de la civilisation
universelle. Habiles à façonner le bois durable des cèdres de leurs montagnes, les Phéniciens sont les premiers à construire de puissants navires
qui porteront leurs colonies et leurs établissements commerciaux dans
les îles de la mer Égée, en Espagne, en Sicile, en Afrique. En s'orientant
d'après les étoiles, ils oseront même affronter l'étendue inexplorée de
l'océan Atlantique, pour rapporter l'étain de la Bretagne et l'ambre de la
Baltique en échange des objets en verre, des tissus teints à Tyr en cette
pourpre éclatante qui devient l'attribut de la royauté. *Sidon* est riche par
son négoce ; au sud, *Tyr* abrite dans son port des flottes imposantes, et
elle sera nommée la *Reine des mers*. Agénor, venu d'Afrique, passe pour
le fondateur de Tyr et son premier roi.

JUDÉE. — 1605. — Il arriva après la mort de Moïse que « le Seigneur
« parla à Josué et qu'il lui dit : « Lève-toi et passe le Jourdain, toi et tout
« le peuple avec toi. Sois fort et vaillant ; car tu diviseras par le sort à
« ce peuple la terre que j'ai juré de leur donner. »

« Partant de Sétim (quarante-deuxième et dernière station), les Israélites arrivèrent au Jourdain. » On sait comment ils franchirent ce fleuve
à pied sec, suivis des prêtres portant l'arche sainte, qui fut déposée à
Silo, première capitale des Hébreux dans la Terre promise.

Peu de jours après, Jéricho fut prise et détruite ; Haï eut le même sort.

es promptes victoires de Josué effrayèrent tous les peuples de Chanaan ; les *Gabaonites*, voisins de Jérusalem, s'empressèrent de faire leur soumission, ce que voyant, *Adonisedec*, roi de cette ville, se ligua avec les rois d'Ébron, de Jérimoth, de Lachis et d'Églon, pour assiéger Gabaon. Celle-ci demanda du secours à Josué. Le chef israélite conduisit contre les cinq rois l'élite de ses guerriers, et fondit sur eux pendant la nuit. « Soleil ! s'écria-t-il, arrête-toi en face de Gabaon ; « lune ! n'avance pas contre la vallée d'Aïalon ! » Les cinq rois s'enfuirent, « leurs armées furent exterminées et nul n'osait parler contre les enfants « d'Israel » (1598).

« Josué prit donc toute cette terre. » Assisté par Éléazar, grand prêtre, et par les *anciens* assemblés à Silo, devant la porte du tabernacle, il partagea par le sort sa conquête entre les douze tribus. Mais il ne donna point de terres à la tribu de Lévi, « parce que le sacerdoce du Seigneur est son héritage.

« Les *Lévites* n'eurent donc d'autre part dans Chanaan que des villes « pour habiter et un terrain autour de ces villes pour nourrir leurs trou- « peaux. » Ces demeures, que chaque tribu donna aux serviteurs du Seigneur, étaient au nombre de quarante-huit.

Des villes furent aussi désignées comme *refuges*, « afin que quiconque « aura tué un homme, sans y penser, s'y retire et puisse échapper à la « colère du proche parent, qui est le vengeur du sang, et il y demeu-

rera jusqu'à ce qu'il puisse se présenter devant les juges et leur rendre « compte de son action » (1597).

Josué était âgé de cent dix ans. « Voilà, dit-il au peuple, que je vais « entrer dans la voie de toute la terre. Gardez tout ce qui est écrit dans le « livre de la loi de Moïse. Si vous voulez vous attacher aux erreurs de ces « peuples qui demeurent parmi vous, et vous mêler avec eux par le ma- « riage, ils seront pour vous comme un piège et comme un filet, comme « des lances à vos côtés, comme des épines devant vos yeux, jusqu'à ce « que le Seigneur vous enlève de la terre excellente qu'il vous a donnée. »

Les Israélites conservèrent d'abord ces enseignements de Josué et « des « anciens qui vécurent longtemps après lui. » Ils étaient alors gouvernés par le grand SANHÉDRIN ou Sénat formé des ANCIENS de chaque tribu (1580) ; mais, nous dit la Bible, « des générations nouvelles s'élevèrent qui aban- « donnèrent la voie dans laquelle leurs pères avaient marché ; ils suivirent « les dieux des peuples qui habitèrent autour d'eux, et le Seigneur, irrité, « les livra en proie à leurs ennemis. Ils furent assujettis à *Chusan*, roi de « Mésopotamie. » Néanmoins, Dieu les prit en pitié, et suscita, du milieu d'eux, un juste qui leur fut défenseur. OTHONIEL, neveu de Caleb, vainquit Chusan ; il gouverna les Israélites avec le titre de JUGE (1534).

GRÈCE. — L'Égyptien CÉCROPS de Saïs, en 1594, d'autres disent en 1645, amène une colonie dans l'Attique. Il épouse la fille de l'un des succes- seurs d'Ogygès, et bâtit sur une hauteur une bourgade qu'il nomme *Cé- cropia*. La douceur de son gouvernement, son savoir dans l'art de l'agri-

DEBORA

CECROPS
FONDATEVR D'ATHENES

XVIᵉ & XVᵉ SIÈCLES
AV. J-C

OTHONIEL

NEPTVNE ET MINERVE SE DISPVTENT L'HONNEVR DE DONNER LV NOM L'ATHÈNES

DANAVS
ROI D'ARGOS

MINOS
ROI DE CRETE

DEVCALION ET PYRRHA

CADMVS

LELEX
FONDATEVR DE SPARTE

TRIPTOLEME
enseigne LE LABOVRAGE

CADMVS
enseigne en Grèce L'ÉCRITVRE

culture attirent vers lui les tribus de Pélasges éparses au fond des bois ; peu à peu, onze autres groupes d'habitations se forment autour de la colonie. Telle est l'origine d'Athènes. Cécropie fut l'Acropolis (la ville haute).

1580. — Cadmus, fils du roi tyrien Agénor, arrive en Béotie ; il y bâtit Cadmée, qui devint la citadelle de la fameuse Thèbes.

Les dieux de l'Égypte et ceux de l'Asie sont importés en Grèce. Les Pélasges, naïfs et crédules, qui, jusqu'alors, n'avaient eu que des dieux sans noms, sans attributs définis, accueillirent avec empressement les divinités spéciales que leur révélaient les étrangers, et eux-mêmes, lorsqu'ils durent émigrer, portèrent à leur tour en Italie et dans les îles la religion qu'ils avaient apprise de leurs dominateurs.

Les Grecs déifièrent les guerriers, les sages, les hommes utiles. De là vient sans doute que leurs divinités sont imparfaites comme l'humanité, et que le culte qu'on leur rend semble glorifier des passions et des vices. De là vient aussi que, si souvent, la mythologie dispute à l'histoire des faits et des noms qui appartiennent à celle-ci. Ainsi, l'arrivée de Cadmus en Béotie est l'objet d'une fable.

Nous voyons, au temps du roi Erichthonius, Neptune, dont le domaine protége les bords de l'Attique, et Minerve, la Neith égyptienne, se disputer l'honneur de donner leur nom à la ville formée de la réunion des bourgades de Cécrops. Jupiter décrète que ce droit appartiendra à celui des deux rivaux qui saura doter la cité de l'objet le plus utile à sa prospérité, et tout l'Olympe vient présider le concours. Neptune frappe la terre de son trident, et d'elle surgit en bondissant le cheval agile et vigoureux qui porte les guerriers. Au choc de la lance de Minerve, s'élève l'olivier, symbole de paix et d'abondance. Les dieux prononcent en faveur de la déesse ; la ville reçoit le nom grec de Minerve, Athéné. Erichthonius institue les panathénées ou fêtes de la protectrice d'Athènes (1560).

Cécrops assura surtout la moralisation des peuples de la Grèce par l'institution de l'Aréopage, dont le Grec Démosthène a dit que jamais, « pendant la longue suite de siècles que subsista ce tribunal, il ne rendit un seul jugement qui ne fût équitable. »

Cadmus avait enseigné aux Béotiens l'alphabet phénicien, composé de seize lettres, et l'art précieux de manifester la pensée par l'écriture. Si l'on s'en rapporte aux Athéniens railleurs, qui appliquaient l'épithète de Béotien à quiconque avait le sens lourd, on pourrait croire que les sujets de Cadmus furent peu aptes à profiter de la source de savoir que ce prince leur donna ; cependant la Grèce dut à cette province dédaignée plusieurs grands hommes, dont nous admirerons l'énergie et les belles actions.

En 1532 ou 1635, alors que Deucalion, conquérant scythe, et sa femme Pyrrha règnent en Thessalie, une inondation ravage et dépeuple ce pays. Cet événement est appelé le déluge de Deucalion.

La fable s'est emparée de la tradition biblique, qui se retrouve plus ou moins altérée dans l'histoire de chaque peuple. Deucalion et Pyrrha trouvent grâce devant les dieux en considération de leurs vertus ; ils sont exceptés de la destruction générale, et se construisent une arche, laquelle s'arrête au sommet du mont Parnasse. L'oracle d'Apollon, l'Osiris égyptien, le Bel des Syriens, leur commande de jeter derrière eux, en marchant, les os de leur mère, leur apprend que de ces restes renaîtra la race humaine. Le vieux couple devine que la mère commune de leurs semblables n'est autre que la terre ; ils ramassent des pierres et les sèment, ainsi que l'a voulu l'oracle. Celles que lance Deucalion se changent en hommes ; des femmes naissent sur les pas de Pyrrha ; la Grèce est ainsi repeuplée.

D'Hellen, fils de ces vertueux époux, descend une race particulièrement aimée des dieux, dit une tradition grecque. C'est celle des Hellènes ou Graici, qui s'empare de toute la Thessalie (1650). Elle domina bientôt dans toute la Grèce et força les Pélasges à se retirer. Cette famille se divisait en quatre branches : les Doriens, les Éoliens, les Achéens, les Ioniens, issus des trois fils d'Hellen, Dorus, Eolus et Xuthus. Le nom d'Hellènes et la langue de ces peuples devinrent désormais communs à tous les peuples grecs.

1585. — Amphictyon, second fils de Deucalion, est considéré par quelques auteurs comme le fondateur du conseil des Amphictyons, assemblée formée de trente députés choisis par les douze principales provinces grecques, qui se réunissait deux fois l'année pour prononcer dans les contestations survenues entre les villes, et pourvoir à la sûreté commune.

1517. — Lacédémon agrandit Sparte et lui donne le nom de Lacédémone. Elle portera indistinctement les deux appellations.

1512. — Danaüs, Égyptien, dépossède la dynastie d'Inachus à Argos. Il est fameux par ses filles, les *Danaïdes*, que l'enfer païen compte au nombre des grands coupables.

CRÈTE. — 1500-1434. — Nous avons vu au dix-huitième siècle une colonie de Lélèges s'établir en Laconie. Ils se fixèrent aussi dans l'île de Crète. Minos y régnait en 1500. Le bien qu'il accomplit dans ce pays par un ensemble de lois dont les légistes admirent la sage ordonnance, le soin qu'il prit d'embellir sa patrie, en y appelant les artistes et les architectes étrangers, afin que leurs œuvres initiassent les Crétois aux beautés qui élèvent l'âme, semblèrent des œuvres au-dessus de la nature humaine : les poëtes attribuèrent à Minos une origine céleste : ils le firent fils de Jupiter ; ils lui assignèrent au delà de la vie des fonctions en rapport avec la sagesse et l'équité dont il avait fait preuve parmi les hommes : celle de juge des enfers, et lui adjoignirent pour collègue, son frère, le sévère justicier *Rhadamanthe*.

ITALIE. — 1426. — *Janus*, prince de Thessalie, aborde chez les Latins encore sauvages et devient leur roi. L'époque de son gouvernement, ère de prospérité et de paix, est appelée l'*âge d'or*. La fable prétend qu'il admit à régner conjointement avec lui le dieu *Saturne* ou *Chronos*, le Temps. Un roi du nom de Saturne paraît avoir régné en 1415 sur le Latium. Les Latins adorèrent Janus comme le dispensateur de la paix et de la guerre ; il présidait à l'année ; le mois appelé de son nom Januarius (janvier) lui était consacré.

JUDÉE. — 1514. — *Deuxième servitude.* — Pendant quarante ans que Othoniel gouverna les Israélites, il sut les maintenir dans l'observance des lois de Moïse ; mais, après sa mort, « ce peuple fit « encore le mal en présence du Seigneur, qui fortifia contre eux *Eglon*, « roi de *Moab*, et il unit les enfants d'*Ammon* et ceux d'*Amalec* à Eglon. » Les Israélites vaincus furent leurs tributaires pendant dix-huit ans. « Ils crièrent vers le Seigneur, qui leur suscita un sauveur nommé Aod (1496). »

1416-1396. — *Troisième servitude.* — Les Hébreux infidèles furent assujettis pendant vingt ans à *Jabin*, roi des Chananéens. « Or, il y avait « une prophétesse nommée Débora, laquelle jugeait le peuple en ce temps. « Elle était assise sous un palmier qu'on avait appelé de son nom sur la « montagne d'Ephraïm, et les enfants d'Israël montaient vers elle pour « faire juger leurs différends. »

« Elle appela *Barac*, et lui dit : « Le Dieu d'Israël t'ordonne. Va, conduis « l'armée sur la montagne de *Thabor*, prends avec toi dix mille combat- « tants des enfants de Nephthali et de Zabulon, et je t'amènerai au tor- « rent de *Cison*, *Sisara*, général de l'armée de Jabin, avec ses chars et sa « multitude, et je les livrerai entre tes mains. »

Il fut ainsi. Débora célèbre la victoire d'Israël par un superbe cantique, modèle de poésie lyrique, empreinte d'enthousiasme patriotique et religieux.

PELOPS   XIV.e SIÈCLE   AVANT J.C.   GEDEON

ŒDIPE et ANTIGONE   ETEOCLÉ et POLYNICE

HERCVLE   EXPÉDITION des ARGONAVTES   THÉSÉE

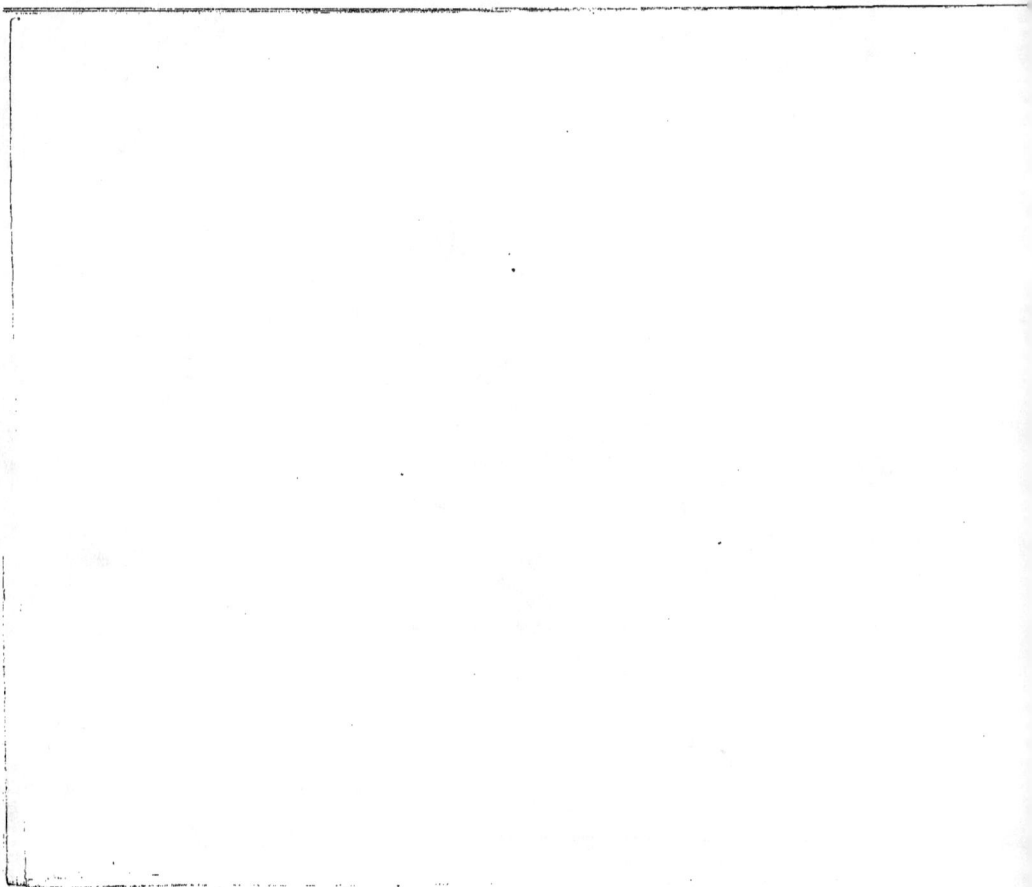

QUATORZIÈME SIÈCLE AV. J.-C.

TEMPS HÉROÏQUES

Pour suivre l'ordre de ces annales primitives universelles, il nous faut ouvrir tour à tour le livre de la Fable et celui de l'éternelle Vérité. Tandis que, comme un cortège pressé et changeant, passent devant nos yeux les peuples et les dynasties, les croyances, les usages incessamment transformés par les invasions : à l'écart, l'infime nation juive, en dépit de ses vicissitudes et de ses infidélités, conserve son unité et son Dieu, et gravite vers le but de sa mission providentielle.

GRÈCE. — Quelles personnalités réelles ont plus inspiré les bizarres fantaisies de la fiction que PÉLOPS et HERCULE, ces chefs de deux races rivales ?

La force l'emporte sur le droit chez tous les peuples jeunes et non civilisés, la vigueur corporelle et l'intrépidité furent toujours en grand honneur parmi eux. L'historien latin Varron compte quarante-quatre Hercule, héros auxquels les Grecs attribuaient douze prouesses impossibles, appelées ses *douze travaux*. Le Sicilien Diodore en reconnaît trois, et Cicéron six. On doit distinguer un Hercule-dieu dont le culte vint de l'Asie, et un Hercule-roi d'Argos, issu à Thèbes de la famille de *Persée* et tige des *Héraclides*. On aurait prêté à celui-ci tous les exploits allégoriques de l'Hercule-dieu.

Pélops, à l'épaule d'ivoire, est le fils de ce *Tantale*, roi de Phrygie, qui souffre aux enfers une éternelle déception ; il est célèbre par les forfaits de sa postérité : son *Atrée*, renouvelant l'abominable festin que Tantale offrit aux dieux, sert à son frère, *Thyeste*, les membres de ses

neveux. Énumérer ici les crimes des *Atrides* serait anticiper sur les évènements.

1380-1362. — Pélops amena les Phrygiens dans l'Élide. Au siècle suivant, ses descendants, les *Pélopides*, chasseront du trône les Héraclides et donneront à la Péninsule grecque le nom de PÉLOPONÈSE.

JUDÉE. — 1310. — *Quatrième servitude*. Les Israélites sont assujettis pendant sept ans aux Madianites.

« Lorsque les Israélites avaient semé, les Madianites, les Amalécites et « les autres peuples de l'orient montaient avec leurs troupeaux et ils dres- « saient leurs tentes au milieu d'eux, ils ravageaient les moissons et « ne laissaient rien en Israël de tout ce qui était nécessaire à la vie. »

« Or, l'esprit du Seigneur s'empara de GÉDÉON, » homme obscur, de la dernière famille de Manassé. « Il envoya des messagers dans sa tribu, dans celles d'Aser, de Zabulon, de Nephthali, qui vinrent à sa rencontre ; » ils étaient trente-deux mille.

« Et le Seigneur dit à Gédéon : « Madian ne sera pas livré entre tes « mains, de peur qu'Israël ne se glorifie contre moi et ne dise : J'ai été « délivré par mes propres forces. Parle au peuple et publie : Que celui « qui est timide retourne. » Et vingt-deux mille hommes se retirèrent.

« Le Seigneur dit : « Ils sont encore trop nombreux. Mène-les près de « l'eau, et je les éprouverai. Ceux qui auront pris de l'eau avec la lan- « gue, comme font les chiens, mets-les d'un côté, et d'un autre ceux qui « auront bu en courbant les genoux. » Le nombre de ceux qui, prenant l'eau avec la main, la portèrent à leur bouche, fut de trois cents.

5

Par un stratagème de Gédéon, cette petite troupe dispersa les innombrables hordes « qui étaient étendues dans la vallée comme une multitude de sauterelles. »

A ce cri de guerre : « L'Épée du Seigneur et de Gédéon ! » au son des trompettes, au bris des vases de terre qui recélaient des lampes, et à la lueur soudaine de ces clartés, les Madianites s'enfuirent, et, trompés par leur effroi, ils se tuaient les uns les autres.

« Et tous les enfants d'Israël dirent à Gédéon : « Commande-nous, toi, « ton fils et les fils de tes fils. Et la terre se reposa pendant les quarante « ans du gouvernement de Gédéon. »

GRÈCE. — 1330. — Les Grecs entreprennent de passer en Asie dans le but d'enrichir leur patrie par l'extension de leur commerce maritime ; ils équipent une flotte ; un constructeur nommé *Argo* donne son nom au navire qui portera les chefs de l'expédition, d'où ceux-ci sont appelés les *Argonautes.*

De ce fait tout matériel, remarquable en ce qu'il est le point de départ d'une civilisation plus avancée, et qu'il prépare l'agrandissement futur de la Grèce, par ses colonies qu'on verra plus tard se fixer en cette même portion de l'Asie, la Fable compose l'une de ses plus riches épopées.

Le but qu'elle assigne à l'entreprise des Argonautes est la conquête de la *Toison d'or*, dépouille d'un bélier merveilleux, douée par Jupiter de la vertu d'assurer la richesse et la puissance à son possesseur. Or, elle appartenait à l'opulent *Éétès*, roi de *Colchide*, et un dragon redoutable la gardait dans une forêt sacrée. L'entreprise étant périlleuse excitait l'ardeur des héros grecs : JASON, neveu du roi d'Iolchos, en Thessalie, en était le chef ; l'invincible HERCULE ; THÉSÉE, fils d'Égée, roi d'Athènes, et son ami PIRITHOÜS ; l'illustre PERSÉE, fils de Danaüs ; les jumeaux CASTOR et POLLUX ; l'harmonieux ORPHÉE ; ESCULAPE, savant en l'art bienfaisant de guérir, étaient au nombre des cinquante-quatre passagers de l'*Argo.*

A l'aide d'un breuvage enchanté, préparé par MÉDÉE, la belle et implacable magicienne, fille d'Éétès, Jason endort le monstre gardien de la toison, et s'empare de ce précieux talisman. Le roi de Colchide poursuit le ravisseur, et, pour l'arrêter, Médée tue son frère *Absyrte*, en disperse les membres sur le chemin du malheureux père, afin que celui-ci, ralenti

par le soin de recueillir ces tristes restes, laisse à Jason le temps de regagner l'*Argo.*

1330. — Nous avons nommé Thésée. Il fut un des plus grands princes de la Grèce par ses succès guerriers et par ce qu'il fit pour agrandir et fortifier la capitale de l'Attique. Chaque année, depuis qu'*Androgée*, fils de Minos, avait été tué par des Athéniens, Athènes était tenue de livrer au roi de Crète sept jeunes garçons et sept jeunes filles pour être offerts en sacrifice aux dieux. Thésée, vainqueur des Crétois, libéra la Grèce de ce douloureux impôt.

Comme si ce n'était point assez de gloire, la Fable veut qu'il ait à vaincre un ennemi surnaturel : victime volontaire, Thésée part pour la Crète avec le triste convoi que le sort livre en pâture au *Minotaure*, monstre moitié homme, moitié taureau ; il ira l'exterminer dans son repaire, dans le *labyrinthe*, aux inextricables détours, dont nul ne sait retrouver l'issue après s'y être engagé. *Ariane*, fille du roi de Crète, l'y introduit ; il tue le Minotaure, et, grâce au peloton de fil que sa conductrice lui a enseigné à dérouler en avançant, il reconnaît ses traces au retour.

1318. — La dynastie de Cadmus régnait à *Thèbes* en la personne de *Laïus.* Ce prince eut de *Jocaste* un fils nommé *Œdipe.* Un oracle annonça que cet enfant tuerait son père et épouserait sa mère. Laïus, pour prévenir un sort si funeste, voulut éloigner son fils ; l'enfant fut abandonné sur le mont *Cithéron*; des pâtres le recueillirent et le portèrent au roi de Corinthe, qui l'adopta.

Œdipe avait atteint l'âge d'homme, lorsque, conduisant son char dans les montagnes de la Béotie, il rencontre un vieillard qui prétend faire passer le sien le premier. Une contestation violente s'élève entre eux ; Œdipe tue son antagoniste : il a tué Laïus. Un sphinx, monstre au visage de femme, au corps de lion, pourvu des ailes et des serres de l'aigle, se tient près de la porte de Thèbes ; il propose aux passants une énigme obscure et les dévore parce qu'ils ne peuvent l'expliquer. Œdipe résout le problème ; le sphinx vaincu se donne la mort. Les Thébains offrent à leur libérateur le trône de Thèbes, avec la main de la reine Jocaste. Œdipe accomplit l'oracle en épousant sa mère. Tous deux veulent se punir de ce crime involontaire : la veuve de Laïus s'étrangle de ses propres mains, son fils se crève les yeux.

Des fils impies, Etéocle et Polynice, frères jumeaux, ennemis l'un de l'autre dès leur entrée dans la vie, sont nés de cette déplorable union, ils chassent du trône leur malheureux père. Il ne reste au vieillard que l'amour et les soins de sa fille Antigone. Elle soutient ses pas errants, elle console celui que chacun repousse et maudit. Tous deux arrivent à *Colone*; près de cette ville est un bois consacré aux Furies; Œdipe veut s'offrir en victime aux déesses, vengeresses du crime; malgré les larmes de sa fille, il pénètre dans l'enceinte sacrée et la foudre l'anéantit.

Etéocle et Polynice conviennent d'occuper le trône tour à tour pendant une *année*. Etéocle veut être infidèle à ce traité, Polynice réclame son droit par les armes; *Adraste*, roi d'Argos, et cinq autres princes s'allient à lui contre son frère; ils assiègent Thèbes, ainsi a lieu la guerre dite des *Sept chefs* (1315). Enfin les frères ennemis se tuent en combat singulier. Les fils des Sept chefs se liguent contre Thèbes pour venger la mort de leurs pères; cette guerre est celle des *Épigones*, c'est-à-dire des descendants (1307).

Au seizième siècle, *Dardanus*, roi pélasge, de l'île de Samos, reçut en dot de *Chryse*, fille d'un roi d'Arcadie, deux *palladiums*, ou statues de Minerve, qu'on nomme aussi Pallas. Cet apport de l'épouse était tout une fortune, car, au dire de l'oracle du lieu, une paix éternelle était assurée à la ville qui posséderait l'une ou l'autre de ces idoles.

Dans la suite, Dardanus épousa en secondes noces la fille de *Teucer*, roi de la Troade; il succéda à ce prince et transporta ses palladiums dans la capitale de son héritage, qui, de *Tros*, son petit-fils, prit plus tard le nom de *Trois*.

D'autres assurent que le seul palladium efficace fut jeté du ciel par Jupiter près du lieu où *Ilus*, fils de Tros, bâtissait Ilion, la forteresse de Troie.

On conviendra que nous ne saurions être trop scrupuleux dans nos recherches sur l'authenticité d'un semblable talisman, quand on verra les Grecs, assiègeant Troie, tenter pendant dix ans mille stratagèmes, mille efforts d'intrépidité et d'audace, pour s'emparer de l'objet en forme de gaine, surmonté d'une tête guerrière, qui avait pompeusement nom palladium.

TREIZIÈME SIÈCLE AV. J.-C.

GUERRE DE TROIE

Quelle querelle animait ainsi contre le vieux PRIAM, roi de Troie, tous les souverains de la Grèce et ses plus illustres héros?

L'héritier présomptif du trône de Troie, le beau PARIS voit à Sparte, HÉLÈNE, fille de *Tyndare* et femme du roi MÉNÉLAS, Hélène si belle qu'à douze ans, lorsqu'elle dansait dans le temple de Diane, Thésée ravi d'admiration, l'enleva. Sans respect pour le roi qui l'accueille, Pâris flatté par ses hommages la vanité de la reine; épouse infidèle, elle s'enfuit avec le prince troyen.

Ménélas est le petit-fils d'Atrée. En lui se poursuit la destinée fatale qui fait de tous les Atrides des malheureux ou des coupables. Son frère AGAMEMNON s'unit à lui pour réclamer de Priam la réparation de l'offense commise par son fils; le roi de Troie allègue des torts causés naguère à sa famille par l'aïeul des Atrides; toute conciliation est impossible. Les princes grecs, embrassant la cause de Ménélas, s'assemblent à Mycènes à la tête de leurs troupes, sous les ordres d'Agamemnon, que son titre de généralissime de cette ligue royale fait souvent appeler le roi des rois.

(**1280 — 1270**.) Onze cent quatre-vingt-six vaisseaux grecs, portant cent mille guerriers, étaient prêts à mettre à la voile dans le port d'*Aulis*, en Béotie; les vents contraires les y retinrent longtemps. L'oracle, consulté, déclara que ce contre-temps, effet de la colère de DIANE, ne cesserait que lorsqu'on aurait offert en sacrifice à la déesse, IPHIGÉNIE, fille d'Agamemnon et nièce d'Hélène par sa mère CLYTEMNESTRE. Le roi des rois tenta de résister à cet arrêt, mais il y allait du succès de la guerre et de l'hon-

neur de la Grèce; et la douce victime dut être livrée au couteau du grand prêtre *Calchas*. La Fable assure que, touchée de son malheur et de sa jeunesse, Diane elle-même la sauva, l'enleva de l'autel, mit à sa place une biche, et transporta en Tauride la princesse pour en faire sa prêtresse.

Les dieux intervinrent en cette guerre à divers titres. Les déesses, surtout, avaient certains motifs pour passionner les débats : JUNON ne pardonnait point à Pâris de lui avoir préféré VÉNUS, lorsqu'il décerna le prix de la beauté, sur le mont *Ida*. MINERVE avait aussi concouru ; ne se vengea-t-elle pas un peu? MARS, fils de Junon, ne pouvait demeurer indifférent à la cause maternelle ; il descendit dans la lice et paya de sa personne immortelle, jusque-là qu'il y fut blessé.

Les Grecs parvinrent enfin devant Troie. La ville était bien fortifiée et pourvue de défenseurs déterminés. A leur tête étaient les fils de Priam : HECTOR, plus qu'eux tous, beau, brave et magnanime; après lui, le plus illustre est l'époux de sa sœur *Créüse*, ÉNÉE, fils d'*Anchise* et de Vénus.

Les Grecs avaient parmi tant d'autres le beau, l'impétueux ACHILLE, *Patrocle* son ami, son cher condisciple, auquel il fit de si pompeuses funérailles; *Ajax*, roi de Salamine, qui, disait-on, semblait le dieu Mars, et l'autre *Ajax*, roi des Locriens : *Philoctète*, possesseur des armes d'Hercule ; ULYSSE, le rusé, d'autres plus courtisans, diront le prudent roi d'*Ithaque*; l'aventureux *Diomède*, et le vénérable roi de Pylos, *Nestor*, dont l'éloquence est comparée à des flots de miel. « S'il y avait dans l'armée dix Nestor, c'en serait fait de Troie, » disait Agamemnon.

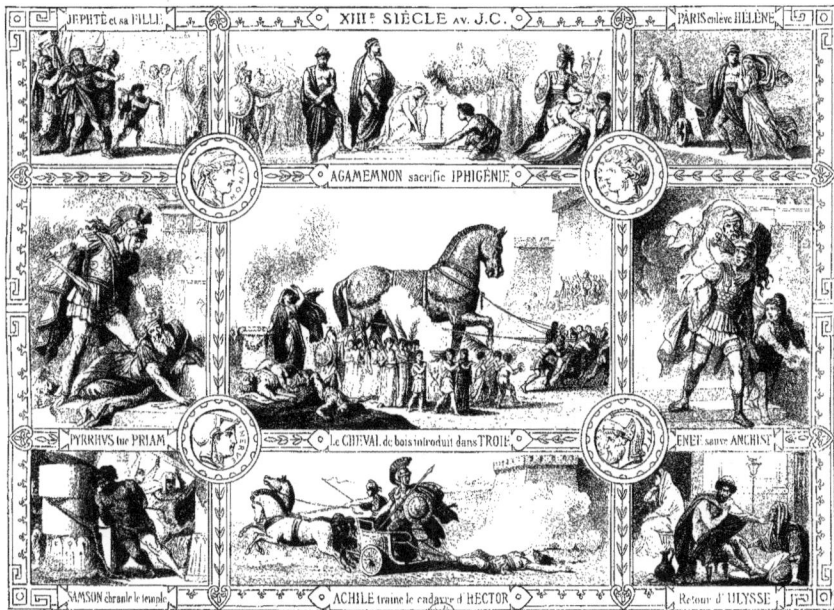

JEPHTÉ et sa FILLE — XIIIᵉ SIÈCLE AV. J.C. — PARIS enlève HÉLÈNE

AGAMEMNON sacrifie IPHIGÉNIE

PYRRHVS tue PRIAM — Le CHEVAL de bois introduit dans TROIE — ÉNÉE sauve ANCHISE

SAMSON ébranle le temple — ACHILE traine le cadavre d'HECTOR — Retour d'ULYSSE

Comment furent tenus en échec pendant dix années cette foule de héros ? C'est que tous les moyens qui font actuellement de la guerre un art, étaient encore inconnus. Par leurs démonstrations hostiles, par leurs bruyants défis, les assiégeants attiraient les Troyens hors des portes, et, chacun avisant un ennemi, combattait avec lui corps à corps. Les chefs se livraient entre eux des sortes de duels, dont le résultat était sans fruit pour le succès de la guerre. Plusieurs Grecs moururent de la main d'Hector ; à son tour, le plus brave des Troyens tomba sous les coups d'Achille, qui vengeait sur lui la mort de Patrocle. Immoler Hector n'était point assez pour satisfaire le ressentiment implacable du guerrier grec ; il perça les talons du cadavre, y passa une lanière, et, l'attachant à son char, traîna pendant trois jours autour de Troie ce corps mutilé.

Pâris osa provoquer Ménélas au combat ; sa lâcheté priva l'offensé d'une réparation : il prit la fuite. Il tua Achille traîtreusement et fut enfin blessé à mort par Philoctète.

Quand Ulysse, déguisé en mendiant, eut, avec l'aide de Diomède, su pénétrer dans la citadelle de Troie et en rapports du camp le fameux palladium, on se crut assuré d'une prochaine victoire. Ce succès se faisant attendre, il devint prouvé que l'on n'avait qu'une image apocryphe, Dardanus ayant eu la sage précaution de faire faire des copies du divin objet, afin de tromper les larrons.

La ruse des assaillants, et, qu'on en convienne, la simplicité des Troyens, furent les réels auxiliaires des Grecs : par le conseil d'Ulysse et de Calchas, un gigantesque cheval fut construit en bois ; puis feignant de renoncer à poursuivre le siège, l'armée parut s'éloigner en abandonnant le colosse. En réalité leurs vaisseaux s'arrêtèrent à Ténédos.

Un Grec nommé *Sinon* se présenta alors aux Troyens, prétendant être un fugitif qui avait tout à redouter du ressentiment de ses compatriotes ; les supplia de l'admettre parmi eux, et leur persuada que le cheval de bois étant une offrande expiatoire destinée par les Grecs à Minerve, eux feraient prudemment de remplacer par cet hommage le gage de protection qu'ils avaient perdu.

Il entre, et, la nuit suivante, de ses flancs ténébreux sortent cent guerriers grecs, qui ouvrent les portes de *Troie* à leur armée revenue en toute hâte.

> On coupe dans les murs, on abat les remparts,
> Tout à eu saisi travail sont fiers de prendre part.
> Nos vierges, nos enfants, chantent des hymnes saintes
> Heureux qui du cordage a reçu les empreintes !
> Il entre, il entre, enfin, le colosse odieux.

Nuit horrible ! l'incendie est partout allumé. Priam est égorgé au pied des autels par *Pyrrhus*, fils d'Achille ; le jeune homme, ivre du succès de son premier fait d'armes, précipite du haut des remparts le petit *Astyanax*, l'enfant d'Hector et d'*Andromaque* ; la reine *Hécube* et ses filles sont traînées en captivité.

Énée, en même temps qu'il repousse vaillamment les assaillants, songe aux êtres faibles dont il est le protecteur : il arrache à l'embrasement du palais le vénérable Anchise, le charge sur ses épaules ; en même temps, il entraîne par la main son jeune fils *Ascagne*. Créuse suit à pas précipités ce groupe si cher, mais la foule tumultueuse l'en sépare, et l'épouse d'Énée ne peut retrouver ses traces.

L'histoire, mieux encore que les contes de fées et les fables, a ses moralités, et notre devoir est de signaler à la jeunesse ses utiles leçons. Quel fut le sort de la coupable Hélène, cause de tant de désastres et de deuils ? Après la mort de l'indulgent Ménélas, qui avait bien voulu la ramener à Sparte, elle en fut honteusement chassée et se réfugia à Rhodes ; la justice du ciel voulut que son hôtesse, nommée Polyxo, fût la veuve d'un guerrier, *Tlépolème*, tué au siège de Troie ; et le pardon n'étant point au nombre des vertus païennes, cette femme, pour venger la mort de son mari, fit pendre à un arbre la vieille Hélène.

Les capitaines grecs, en retournant dans leur patrie, éprouvèrent des destins divers : Agamemnon périt assassiné par sa femme Clytemnestre et son neveu *Égisthe*; son fils, *Oreste*, vengea ce crime en tuant les meurtriers.

Le retour d'Ulysse, dont le nom grec est Odysséus, fait le sujet du poème d'Homère appelé l'*Odyssée*. Battu par la tempête, son vaisseau fut jeté successivement sur les côtes de Thrace, dans les îles de l'Afrique et en Sicile. Il put gagner sur un radeau l'île des Phéaciens, dont le roi,

Alcinoüs, mit des vaisseaux à sa disposition. Après vingt ans d'absence, Ulysse revit enfin son royaume d'Ithaque.

Là pleurait, en l'attendant, sa fidèle épouse *Pénélope*, trompant la lenteur des jours par un travail assidu. Ulysse, afin d'éprouver les sentiments que chacun lui conserve, rentre chez lui sous les habits d'un indigent ; nul ne reconnaît son visage vieilli, excepté son chien qui, le voyant, meurt de joie. Enfin, tandis que, selon l'usage de l'hospitalité antique, sa nourrice lave ses pieds poudreux, elle le reconnaît à la cicatrice qu'il portait dès l'enfance au genou. Il se découvre enfin à sa femme, à son fils *Télémaque*, heureux de les trouver toujours dignes de lui, l'une par ses constantes vertus, l'autre par son courage et sa précoce maturité.

Nous devons, pour être fidèle à notre programme historique, nous borner à ces détails vraisemblables que raconte l'*Odyssée*. Nos jeunes lecteurs prendront un jour le plaisir de lire les aventures extraordinaires que le poète a introduites dans le récit du long voyage d'Ulysse : les enchantements de la magicienne *Circé*, l'antre du géant cyclope *Polyphème*, les *Lestrygons* anthropophages, les délices de l'île de la nymphe *Calypso*, en un mot, tout le merveilleux que la mythologie met au service de l'imagination.

JUDÉE. — Après *Abimélech*, fils de Gédéon, qui jugea les Israélites pendant trois ans, *Thola*, son parent, puis *Jaïr*, gouvernèrent, l'un l'espace de vingt-trois ans, le second pendant vingt-deux ans.

1261. — Une *cinquième servitude* punit l'idolâtrie des Hébreux : les Ammonites les opprimèrent durant dix-huit ans.

1243. — « En ce temps, *Jephté* fut un homme de guerre très-vaillant.

« Les anciens de Galaad allèrent le trouver et lui dirent : Venez, pour combattre contre les enfants d'Ammon.

« Et Jephté fit ce vœu : « Seigneur, si vous livrez ce peuple en mes « mains, je vous offrirai quiconque sortira le premier du seuil de « ma maison et s'avancera à ma rencontre, lorsque je reviendrai vic- « torieux. »

« Et les enfants d'Ammon furent profondément humiliés par Israël. Or « Jephté, revenant en sa demeure, sa fille unique vint au-devant de lui, « en dansant au son des tambours.

« Jephté, l'ayant vue, déchira ses vêtements, et lui dit : « Hélas ! ma « fille ! vous m'avez trompé, et vous vous êtes trompée vous-même, car « j'ai fait un vœu et je ne puis manquer à ma promesse. »

« Sa fille lui répondit : « Mon père, après la victoire qui vous a été ac- « cordée sur vos ennemis, faites de moi ce que vous voudrez. »

« Jephté jugea donc le peuple d'Israël pendant dix ans et il mourut. »

Abesan de Bethléem, *Ahialon* et *Abdon* se succédèrent dans cette charge jusqu'en 1212, qu'eut lieu la *sixième servitude*. Un nouvel ennemi, les Philistins, dominèrent sur les Israélites pendant quarante ans. En les nommant, chacun se souvient tout d'abord de *Samson*.

Samson, de la tribu de Dan, est le premier dont il est dit dans la Bible qu'il fut *nazaréen*, c'est-à-dire consacré à Dieu dès sa naissance ; et comme marque de cette vocation, le rasoir ne devait point toucher sa tête, et il s'abstiendrait « de tout ce qui naît de la vigne. »

Sans doute la force prodigieuse de Samson, attribuée à cette chevelure demeurée intacte, représente l'énergie de l'âme, conservée par la tempérance, la constante domination que Dieu nous commande d'exercer sur nous-mêmes. Nous pouvons remarquer que lorsqu'il perdit sous les ciseaux de *Dalila*, avec ses puissantes tresses, la faculté de se défendre, c'est parce que, étant demeuré oisif et imprudemment causeur près de cette femme artificieuse, il se dépouilla de la vigueur morale qui l'avait soutenu jusqu'alors.

Ce ne fut pas par les armes, comme les juges ses prédécesseurs, qu'il libéra son peuple des Philistins : il les repoussa seul, par les ruses et les surprises. Quand, en lui crevant les yeux, ses ennemis l'eurent réduit à l'impuissance, quand humilié et misérable, il tournait la meule d'un moulin, son cœur s'éleva vers Celui en qui réside toute vertu, et l'héroïque courage l'anima de nouveau.

« Les princes des Philistins s'assemblèrent pour immoler des victimes à leur dieu *Dagon* ; ils commandèrent que l'on fit venir Samson, comme un jouet devant eux, et ils le firent tenir debout entre deux colonnes. Alors invoquant le Seigneur, il dit : « Mon Dieu, souvenez- « vous de moi. » Et ayant fortement ébranlé les colonnes, le temple tomba sur toute la multitude, et il en tua un plus grand nombre en mourant, qu'il n'en avait tué durant sa vie... Il avait jugé Israël pendant vingt ans. »

XII.ᵉ XI.ᵉ SIÈCLES

SAMVEL & SAVL — SALOMON — DAVID

DEVOVEMENT DE CODRVS — DAVID VAINQVEVR DE GOLIATH — RVTH & BOOZ

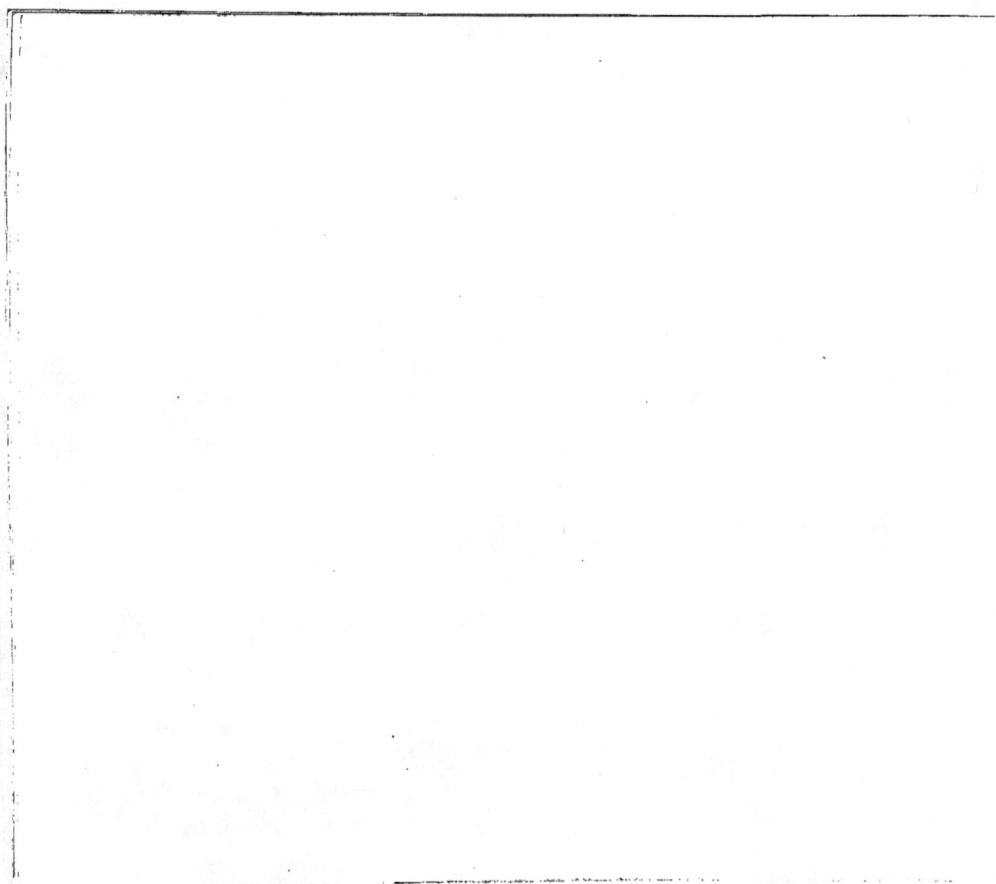

DOUZIÈME ET ONZIEME SIÈCLES AV. J.-C.

DÉDICACE DU TEMPLE

Les descendants d'Hercule (**GRÈCE — 1190**), eussent été indignes de leur origine, s'ils n'avaient reconquis le territoire et les couronnes que les Pélopides leur avaient enlevés. Secondés par les Doriens et les Étoliens; ils reprirent sur les Achéens, la Laconie, l'Argolide, la Messénie, et établirent rois de ces provinces leurs principaux chefs. La Laconie appartint à l'Héraclide *Aristodème*, lequel eut deux fils *Eurysthée* et *Proclès*, qui régnèrent conjointement à Sparte. Depuis, les descendants de ces princes conservèrent l'usage qu'ils avaient inauguré, et il y eut toujours sur le trône de Sparte deux rois à la fois.

Ce retour des Héraclides changea totalement la condition des peuples grecs. Les Doriens, en s'établissant en Messénie et dans l'Argolide, en chassèrent les habitants; ceux qui se fixèrent en Laconie souffrirent que les vaincus y demeurassent, à condition qu'ils obéiraient à leurs lois; les citoyens d'*Hélos* ou *Ilotes*, ayant résisté, furent défaits et vendus à l'encan. Il y eut donc en Laconie trois catégories distinctes d'habitants : les Spartiates ou maîtres, les Laconiens ou sujets et les Ilotes ou esclaves.

1189. — 1130. — D'autre part, les partisans des Pélopides s'expatrièrent, entraînant après eux des foules d'émigrants; ainsi se formèrent en Asie les colonies grecques de *Lesbos* et d'*Éolie*, de Crète et d'*Ionie*, nommées ainsi des races helléniques qui les occupèrent.

1188. — Toutefois, une portion d'Ioniens et d'Éoliens se jeta sur l'Attique; les Doriens les y poursuivirent, et remportèrent d'abord quelques avantages. Un oracle promettait la victoire à celui des deux peuples dont le chef périrait.

1132. — Codrus, roi d'Athènes, se dévoua au salut de sa patrie : il pénétra sous un déguisement dans le camp des Doriens, attaqua un soldat, et reçut de lui le coup mortel. Les Doriens, estimant qu'une nation où se produisent de pareils actes ne saurait être aisément subjuguée, cessèrent d'inquiéter les Athéniens. Longtemps dans l'isthme qui joint la presqu'île au reste de la Grèce, on vit une colonne portant sur ses faces opposées ces inscriptions qui semblaient une menace; du côté du Péloponèse : « Ici sont les Doriens, » de l'autre, en face de l'Attique : « Là, est l'Ionie. »

L'abnégation héroïque de Codrus pénétra les Athéniens de tant de gratitude, que nul ne leur parut digne de porter après lui son titre de roi : Ils conférèrent la puissance souveraine à un magistrat qui fut appelé *archonte*. *Médon*, fils de Codrus, fut le premier investi de cette charge; ses descendants l'exercèrent après lui. Lorsque sa famille s'éteignit, la durée de l'archontat, jusqu'alors perpétuelle, fut réduite à dix ans; elle devint ensuite seulement annuelle, et alors, neuf archontes à la fois en partagèrent l'administration.

JUDÉE. — C'est pendant le gouvernement des juges qu'eut lieu parmi les Israélites l'acte de dévouement modeste de Ruth envers sa belle-mère *Noémi*. Une glorieuse descendance échut à Ruth la glaneuse; ayant épousé *Booz*, elle eut un fils nommé *Obed*, qui fut le père d'*Isaï*, père de David, de la famille duquel est né Notre-Seigneur Jésus-Christ.

Héli, grand prêtre, était juge d'Israël, lorsque Samuel, enfant, lui fut amené à Silo, pour servir dans le temple, selon le vœu de sa pieuse mère.

Héli avait élevé ses fils, *Ophni* et *Phinées*, avec une coupable faiblesse : « ils ignoraient les devoirs des prêtres envers le peuple. » Cet exemple avait une pernicieuse influence sur les Israélites, aux cœurs tièdes et changeants. « Il arriva que les Philistins s'assemblèrent pour combattre ; la bataille commença, Israël fut frappé ; chacun s'enfuit en sa tente, trente mille fantassins périrent, l'arche fut prise ; Ophni et Phinées moururent. Héli, l'apprenant, tomba de son siège, et, s'étant brisé la tête, il mourut. Il avait jugé Israël pendant quarante ans. »

« Samuel était devenu grand et le Seigneur était avec lui. Or, il jugea les enfants d'Israël ; il releva leur courage, et les villes que les Philistins avaient prises sur eux leur furent rendues. »

Ses fils le remplacèrent quand il parvint à la vieillesse. « Mais ils se laissèrent corrompre par l'avarice ; ils reçurent des présents et rendirent des jugements injustes. Les anciens d'Israël vinrent donc trouver Samuel et lui dirent : Nommez-nous un roi, comme en ont toutes les nations. »

Onzième siècle. — 1080. « Un homme de la tribu de Benjamin avait un fils appelé Saül, qui était beau et grand ; il surpassait de la tête tout le reste du peuple. » Samuel, inspiré de Dieu, fit de ce vigoureux jeune homme, qui paissait les ânesses de son père, le roi d'Israël. « Il prit une petite fiole d'huile qu'il répandit sur la tête de Saül, et il le baisa et lui dit : Par cette onction sainte, le Seigneur vous consacre aujourd'hui comme prince de son héritage. » Et lorsqu'il l'eut montré au peuple, celui-ci satisfait de sa haute stature, s'écria tout d'une voix : « Vive le roi ! »

« Saül combattait de toutes parts ses ennemis, et partout où il tourna « ses armes, il fut vainqueur. Cependant Samuel pleurait Saül. » Car le roi devint rebelle aux ordres qu'il lui annonçait de la part de Dieu. La déchéance future de la postérité de Saül fut révélée au prophète ; il dut dès lors *sacrer* secrètement son successeur *David*, le plus jeune des huit fils d'*Isaï*, de la tribu de Bethléem, de Juda.

1055. — « Saül en a tué mille et David dix mille ! » Ainsi chantaient devant le roi les femmes d'Israël après la victoire de David sur *Goliath* et ses Philistins. « Que lui faut-il de plus, si ce n'est d'être roi ? » dit Saül irrité

Depuis lors, il considéra le jeune vainqueur comme son ennemi, et le persécuta. David s'enfuit au désert, où quelques proscrits se rassemblèrent sous ses ordres et lui firent une petite armée. Toutefois, harcelé sans relâche, poursuivi, traqué, il ne lui resta d'autre ressource que de se réfugier sur les terres des Philistins.

1040. — Or, ceux-ci combattaient contre les Israélites « qui tombèrent morts en la montagne de *Gelboé*. » Les trois fils de Saül furent tués ; lui-même blessé, abandonné de ses soldats, se perça de son épée.

David revint habiter dans sa tribu ; il y fut sacré de nouveau comme roi. D'autre part, *Abner*, prince de l'armée de Saül, prit *Isboseth*, fils de Saül, et le fit reconnaître comme successeur de son père. Sept ans après, mécontent d'Isboseth, il le trahit, et le prince ayant été assassiné par des voleurs, DAVID régna sans conteste sur tout Israël (1035).

La guerre remplit toute l'histoire de David. Il prit Jérusalem sur les Jébuséens, s'empara de la forteresse de cette ville nommée *Sion*, ou la cité de David, et y fit apporter l'arche sainte, laissée depuis longtemps par les Philistins chez les Gabaonites. En lisant attentivement l'histoire sacrée, on peut remarquer que David, impitoyable envers les vaincus comme tous les hommes de guerre de son époque, fut, en toute autre occasion, probe et généreux jusqu'à la magnanimité. La mauvaise action qu'il commit en livrant sciemment aux dangers certains de la bataille, son général *Urie*, dans le but d'épouser sa femme *Bethsabée*, lui laissa d'amers et constants regrets dont ses *Psaumes de la pénitence* sont la sublime expression. Dans les autres chants qu'il composa, il se montre *prophète* inspiré, en annonçant la venue du Messie. Il régna quarante ans.

1001. — Il avait désormais vaincu les Philistins et tous les constants ennemis d'Israël, avait rendu les Syriens tributaires et s'était assujetti l'Idumée. Son fils, SALOMON, en lui succédant, eut la paix de toutes parts avec ses voisins. « Juda et Israël reposaient sans aucune crainte, chacun « sous sa vigne et sous son figuier. »

« Il fit alliance avec Pharaon (Sésac), roi d'Égypte, car il épousa sa fille. » Le jeune roi eut donc le loisir d'embellir et de fortifier Jérusalem, surtout de remplir le vœu de son père, en élevant au Seigneur un temple magnifique, dont la *dédicace* solennelle est une des principales époques de l'histoire ancienne.

« *Hiram*, roi de Tyr, avait toujours été l'ami de David. » A la faveur de ces relations pacifiques, la Phénicie échangeait ses riches produits contre les blés et l'huile de la Judée. Salomon renouvela cette alliance avec Hiram, et les ports de la Syrie étant ouverts à leurs flottes, elles allaient prendre au pays d'*Ophir* (Sofala, côte d'Afrique,) et jusque dans l'Inde, « de l'or, de l'argent, des bois odorants, des pierres précieuses, des dents d'éléphants, et des singes et des paons. » Comme entrepôt de ce vaste négoce, il bâtit au désert *Balbeck* et *Palmyre*, « il fit que l'argent devint aussi commun à Jérusalem que les pierres. »

« Le cœur de Salomon ne fut pas parfait devant le Seigneur, comme avait été le cœur de David son père. » Il épousa des femmes étrangères, et, à leur exemple, il adora « *Astarté* (Vénus) déesse des Sidoniens, *Moloch* (Saturne) idole des Ammonites, et le Seigneur lui suscita pour ennemis, *Arad*, Iduméen, de la race royale que David avait exterminée, et *Razin*, qui souleva la Syrie, et s'établit roi à Damas. A l'intérieur, Jéroboam, ministre de Salomon, excitait les tribus à la révolte; il dut fuir la colère du roi, et se retira en Égypte.

962. — Salomon mourut, ayant régné quarante ans. Roboam son fils assembla le peuple en *Sichem* pour se faire reconnaître roi. Jéroboam, averti de la mort de son maître, se hâta de revenir en Judée, et, parlant au nom du peuple, il dit à Roboam : « Votre père nous a imposé un joug très-dur (par les impôts et les corvées) ; diminuez donc maintenant quelque chose de la dureté de son gouvernement, et nous vous servirons. »

Roboam tint conseil avec les anciens; ils l'invitèrent à se montrer accommodant, mais il dédaigna leur avis, il préféra suivre celui de ses jeunes compagnons, et répéta au peuple leurs paroles arrogantes : « Mon père vous a frappés avec des verges, mais moi, je vous frapperai avec des scorpions » (fouet garni de lamelles de fer tranchant.)

« Or, on établit Jéroboam roi sur tout Israël, et nul ne suivit la maison de David, que la seule tribu de Juda. » Roboam parvint à rallier celle de Benjamin ; les prêtres et les lévites, abandonnant les possessions qui leur avaient été données dans tout le pays d'Israël, accoururent auprès de lui. Cette fraction de l'héritage de ce prince prit le nom de *royaume de Juda*, et eut vingt rois de la famille de David.

Les dix autres tribus constituèrent le *royaume d'Israël*, sa capitale fut Sichem, et plus tard *Samarie*. Ce royaume eut dix-neuf rois de diverses nations, qui se succédèrent par de violentes révolutions.

Afin de ravir tout prétexte aux tribus rebelles de rejoindre celles qui demeuraient fidèles aux princes légitimes, l'usurpateur Jéroboam dénatura ce qu'un peuple a de plus cher : sa foi et son culte; « et, après de « longues méditations, il fit deux veaux d'or, et dit au peuple : Ne montez « plus à l'avenir à Jérusalem, Israël ; voici vos dieux qui vous ont tirés « de l'Égypte. » Il plaça les temples de ces ignobles idoles, l'un à *Dan*, l'autre à *Bethel*, et il y établit comme prêtres les derniers du peuple ; puis il institua les fêtes solennelles des dieux nouveaux, et en fixa la célébration aux époques où avaient lieu à Jérusalem les fêtes du Seigneur.

Cette scission du peuple israélite fut appelée *schisme des dix tribus*.

DIXIÈME ET NEUVIÈME SIÈCLES AV. J.-C.

TEMPS LÉGISLATIFS

Depuis la guerre de Troie, plusieurs de ceux que cette expédition avait amenés de Grèce en Asie y étaient demeurés. Nous avons vu s'y fixer les Ioniens, chassés de la patrie par les révolutions. Cette race, si particulièrement douée du sentiment du beau, du génie poétique, apporta dans ces lieux, tout pleins de souvenirs héroïques, ses facultés heureuses et la mélodie de son langage, le plus élégant et le plus doux des dialectes helléniques. La civilisation de la haute Asie fut pour les Ioniens une source d'idées riches et nouvelles que leur esprit actif et ingénieux sut s'assimiler ; leurs progrès dans tous les arts dépassèrent de bien loin ceux des Grecs d'Europe.

Assurément, nous les louons d'avoir brillé dans l'art aimable qui donne au discours rhythmé un charme musical ; mais les poëmes de l'illustre ionien que l'on appelle Homère (aveugle), sont en outre appréciés comme les annales les plus complètes et les moins douteuses que puissent consulter sur cette époque l'historien et le géographe. Nous avons précédemment nommé l'une des œuvres d'Homère, l'*Odyssée*, qui est la relation du voyage d'Ulysse ; l'*Iliade* est celle de la guerre de Troie. Ces récits ne furent pas écrits dans l'origine : ils se conservèrent dans la mémoire des générations par la succession des *homérides* et des *rhapsodes*, artistes voyageurs, qui apprenaient par cœur les vers du poëte, et faisaient leur profession de les réciter sur les places publiques et dans les fêtes solennelles.

Nous ne saurions mieux terminer ce qu'il convient de dire ici sur Homère, qu'en citant les expressions d'un maître en littérature : « Il n'y a point d'écrivain dont les ouvrages aient tant occupé la postérité ; il n'y en a point dont la personne soit moins connue. On ne sait où il est né, ni même bien précisément quand il a vécu. Un auteur fait monter à quatre-vingt-dix le nombre des villes qui se disputaient l'honneur d'être la patrie d'Homère. Smyrne et l'île de Chio sont les deux contrées qui ont produit le plus de titres en leur faveur. »

Moins mystérieuse est l'origine du poëte Hésiode, qui, s'il ne fut pas le contemporain d'Homère, vécut du moins peu de temps après lui. On sait qu'il naquit à Cume en Éolie, et qu'il passa la plus grande partie de sa vie à Acras, en Béotie, au pied du mont Hélicon. On a de lui trois ouvrages intitulés : *les Travaux et les jours*, descriptions de la nature et de la vie des champs ; le *Bouclier d'Hercule*, histoire des demi-dieux, et la *Théogonie*, recueil de toutes les croyances nationales, qui fut le livre sacré des Grecs.

JUDÉE. — ROYAUME DE JUDA. — Après *Abiam*, fils de Roboam (940), règne le pieux *Asa* (944) ; puis en 904, *Josaphat*, non moins fidèle au Dieu de David. Comment celui qui a fit ce qui est droit et juste devant le Seigneur, » put-il donner pour épouse à son fils *Joram*, ATHALIE, la fille d'*Achab*, roi d'Israël et de *Jésabel*, couple impie dont, selon la prophétie d'*Élie*, les chiens dévorèrent les restes maudits ?

NEUVIÈME SIÈCLE. — ROYAUME D'ISRAËL. — **876.** — L'officier *Jéhu* a usurpé le trône d'Israël, et règne pendant vingt-huit ans.

ROYAUME DE JUDA. — **876.** — Athalie, veuve de Joram et reine par la

HOMÈRE.   Xᵉ & IXᵉ SIÈCLES AV. J.C.   HÉSIODE.

LYCVRGVE

DIDON fonde CARTHAGE   LYCVRGVE présente CHARILAVS aux Lacédémoniens   ATHALIE arrêtée par JOAD

mort de son fils *Ochosias*, voulut conserver ce pouvoir, héritage de ses petits-fils. « Elle tua tous les princes de la race royale. »

« Mais *Josaba*, sœur du roi Joram, prenant Joas, son neveu, avec sa « nourrice, le déroba aux yeux d'Athalie. Et il fut six ans caché dans la « maison du Seigneur. »

« Or, en la septième année, *Joiada* (grand prêtre), prenant les cente- « niers et les soldats, leur fit prêter serment et leur montra le fils du roi. » Il leur donna ordre de se tenir en armes, le samedi, aux portes du temple ; puis amenant le petit Joas, il posa sur la tête de l'enfant le dia- dème royal, et les guerriers s'écrièrent : « Vive le roi ! »

810. — « Or, Athalie entendit le bruit du peuple qui accourait, et « entrant avec la foule dans le temple, elle vit le roi assis sur son trône ; « elle déchira ses vêtements et s'écria : « Trahison ! trahison ! » Et les « centeniers la traînèrent hors du temple et c'est là qu'elle fut tuée. »

SPARTE. — Au nom de LYCURGUE, nos jeunes élèves voient appa- raître et le brouet noir et le maître d'école, si impitoyable, qu'effrayé de la punition méritée, le petit Spartiate endure les cruelles morsures du renard caché sous sa robe pendant la classe et enfin le fouet, que, devant l'autel de Diane il faut s'éventrer à recevoir sans gémir, pour apprendre à souffrir vaillamment. Ne devons-nous pas aussi compter pour quelque chose la privation des discours superflus, si bien observée dans la pro- vince de Sparte, que cette brièveté est appelée *laconisme*?

Lycurgue, en établissant ses lois rigides, s'est appliqué à seconder le génie héroïque des Doriens. Leur territoire, conquête de leurs aïeux, est cerné par des races ennemies, et peuplé de ceux qu'ils oppri- ment ; il leur faut donc le défendre incessamment contre les entreprises du dedans et du dehors, et l'amour de la patrie a pris dans leur cœur la place de toute autre affection naturelle. Ils n'estiment que les occupations militaires ; dédaignent le négoce, source de richesse, et le laissent aux Laconiens leurs sujets ; ils enivrent les Ilotes, pour que, à la vue de leur dégradation, les jeunes Spartiates conçoivent l'horreur de l'intempé- rance.

Lycurgue, fils et frère de rois de Sparte, n'ambitionna pas pour lui- même ce pouvoir. Il l'exerça pendant l'enfance de son neveu, le petit *Charilaüs*. La mère dénaturée de l'orphelin proposait à Lycurgue de l'épouser et de faire périr l'enfant dont les droits nuisaient aux siens. Il trompa les intentions coupables de sa belle-sœur, et fit couronner solen- nellement Charilaüs. Il institua la magistrature *des éphores*.

La sévérité de son gouvernement excita contre lui des haines qui le forcèrent à s'exiler. Il parcourut la Crète, l'Asie Mineure, l'Égypte, étu- diant la législation de chacun de ces pays. Il revint à Sparte, présenta ses lois aux magistrats qui les acceptèrent, et fit jurer au peuple de les ob- server jusqu'à son retour de Delphes, où il se rendait. On dit qu'il mourut en ce lieu ou en Crète, et qu'il ordonna que ses os fussent jetés à la mer, de peur que, s'ils étaient portés à Sparte, ses concitoyens ne se crussent déliés de leur serment.

Plus d'une fable est accréditée sur la fondation de CARTHAGE. En dégageant des traditions ce qui peut sembler vraisemblable, on admet qu'un parti d'émigrants s'éloignant de Tyr, où régnait le tyran *Pygmalion*, alla rejoindre sur les côtes d'Afrique quelques colonies phéni- ciennes, et y bâtit une ville qui devait être Carthage.

AFRIQUE. — **860.** —

La sœur de Pygmalion, veuve de *Sichée*, grand-prêtre d'Hercule, que son beau-frère aurait assassiné pour s'emparer de ses grandes richesses, se serait embarquée avec les aventuriers phéniciens, afin de sauver ses trésors et se soustraire à la fureur de Pygmalion.

On considère les deux noms donnés à cette princesse *Elissa* et *Dido* ou *Didon*, comme fort contestables, en ce qu'ils ne sont que deux mots phé- niciens défigurés qui signifient : *Cette femme fugitive*.

Virgile, soit erreur ou fantaisie, dans son poème de l'*Enéide*, fait échouer sur les rivages de l'Afrique les vaisseaux d'Énée, s'expatriant après la ruine de Troie. Le séjour du héros près de la belle Tyrienne, et la mort de celle-ci, ont fourni au poète de si belles pages, qu'on oublie, en les lisant, l'invraisemblance d'un récit qui fait contemporains deux per- sonnages séparés par un intervalle de trois à quatre siècles.

HUITIÈME SIÈCLE AV. J.-C.

FONDATION DE ROME

La constante étude des Grecs, dans l'éducation de la jeunesse, était d'utiliser la vigueur corporelle par les exercices qui complétent la force en y joignant l'adresse ; en même temps d'exalter les plus nobles facultés de l'âme, d'y faire naître l'enthousiasme, par les représentations théâtrales, les productions de l'imagination, la musique. Ils instituèrent donc des concours généraux de gymnastique, de poésie, de jeux scéniques, qui faisaient accourir tous les peuples de la Grèce dans les villes où elles avaient lieu, et ainsi contribuaient puissamment au développement intellectuel de tous, par la comparaison et l'émulation. Les plus renommées de ces fêtes étaient les jeux *Isthmiques* près de Corinthe, les *Néméens* dans l'Argolide, en l'honneur d'Hercule, les *Pythiques*, à Delphes, dédiés à Apollon, vainqueur du serpent Python, et les *Olympiques*, à *Olympie*, en Élide, auxquels présidait Jupiter. Ces derniers, entre tous splendides, furent célébrés pour la première fois en 776. L'athlète Corœbus y remporta le prix des jeux gymniques. Ce fut le point de départ de la chronologie des Grecs ; dès lors, ils divisèrent les temps par *olympiades*, ou intervalles de quatre ans, régulièrement observés entre chacune des fêtes d'Olympie.

De tous temps et partout, il a été d'usage de consacrer certains jours à honorer publiquement la divinité par des démonstrations pompeuses. Dans l'antiquité, tel dieu avait parmi ses temples un sanctuaire plus particulièrement renommé, ou par la fidélité de ses oracles, ou par la ferveur de ses adorateurs, et c'était en ce lieu que se célébraient ses fêtes solennelles. Les fêtes de *Cérès* (Isis) s'appelaient *Eleusinies* de la ville d'*Eleusis* en Attique. Quant au Dieu du vin, *Bacchus*, il avait partout des autels. On célébrait à Athènes, en son honneur, les *Dionysiaques*, du nom grec de Bacchus, *Dionysos*. Les danses et les chants en étaient les cérémonies, les pampres et les fleurs, les décorations. La gratitude des buveurs s'exprimait, il faut bien l'avouer, par de bruyants transports ; mais à Rome surtout, ces fêtes, appelées *Bacchanales*, devinrent un prétexte à l'ivresse brutale et au désordre, et le sénat se vit contraint de les interdire.

ASSYRIE. — 759. — Le royaume de Sémiramis avait vu, après Ninyas, trente et un rois sans renommée. Le dernier, SARDANAPALE, n'échappe à l'oubli que par l'excès de son indignité. *Arbacès*, gouverneur de la Médie, et *Bélésis*, prêtre de Baal à Babylone, se mirent à la tête de la révolte que fomentaient les premiers officiers de l'empire contre un roi qu'ils comparaient au plus immonde animal. Assiégé dans son palais de Ninive, Sardanapale, fardé, paré de joyaux et de vêtements féminins, ne retrouva d'énergie virile que pour s'affranchir, sans combattre, de la honte d'une défaite : faisant allumer un vaste bûcher, il périt avec ses femmes dans cet incendie, qui dévora en même temps tous ses trésors.

Des ruines de ce premier empire d'Assyrie se formèrent trois États :

Celui de *Babylone*, où domina *Bélésis*.

Celui de *Ninive*, qui eut pour roi *Phul*.

Celui de *Médie*, que se réserva *Arbacès*.

ITALIE. — Vers 1400, les Gaulois ou Celtes, surnommés *Ombriens* (les nobles, les vaillants), ravirent toute la plaine du Pô et les rivages

PSAMMÉTIQUE — VIII.ᵉ SIÈCLE AVANT J.C. — FÊTES DE BACCHVS — CAPTIVITÉ D'ISRAEL

CHORÆBUS — ROMVLVS — NVMA — ISAIE

OTRYADE — ENLÈVEMENT DES SABINES — SARDANAPALE

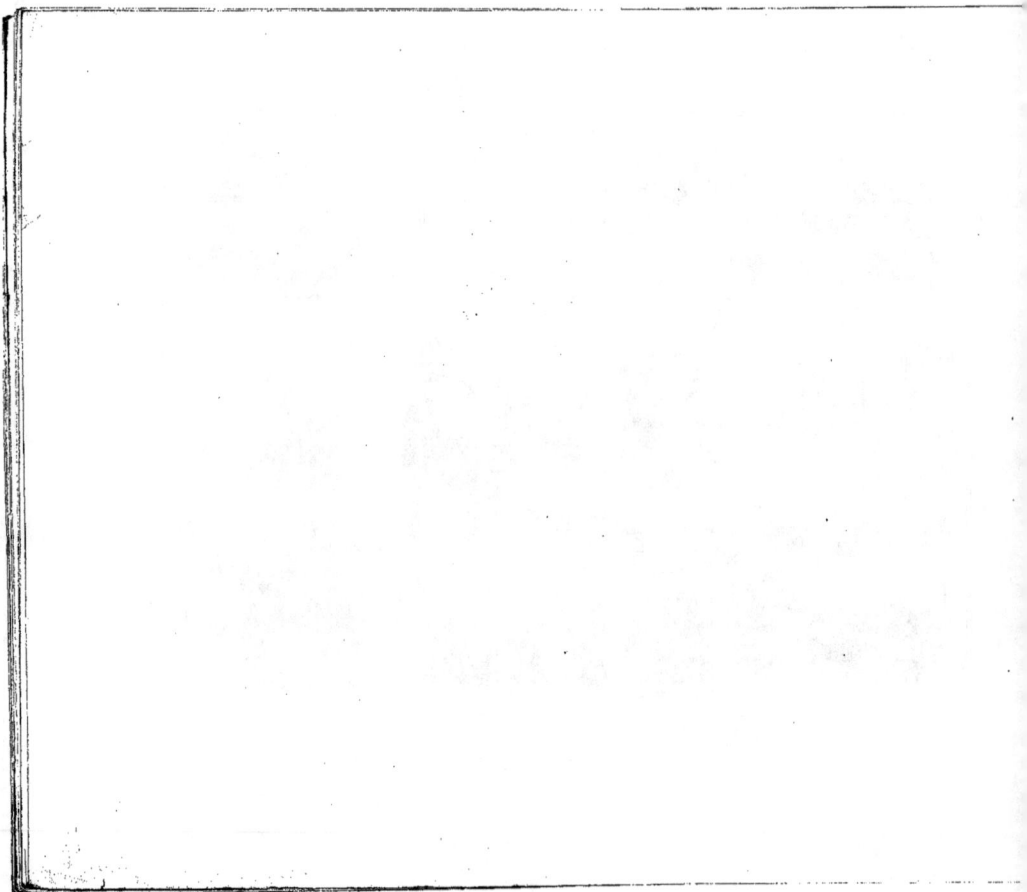

qui s'étendent du Rhône à l'Arno, aux *Sicanes* et aux *Ligures*, venus d'Espagne, lesquels avaient chassé de ces mêmes contrées les Pélasges illyriens. Les Ombriens s'établirent le long des Apennins jusqu'au Tibre, et les contrées conquises par eux furent appelées *Ombrie*.

En 1570, *Tyrrhénus*, suivi de Lydiens et de Pélasges illyriens, s'empara d'une partie de l'Ombrie, comprise entre l'Arno et le Tibre, et lui substitua le nom d'État Tyrrhénien, changé plus tard en celui d'*Étrurie*, de *Thusci* (dieu ou encens), désignation donnée par les Latins aux Pélasges, à cause de leur attachement au culte des dieux.

Diomède, Idoménée, Philoctète, comme Ulysse, jetés par les périls de la mer sur les rivages étrangers, avaient fondé, dans l'Italie méridionale, Salente, Maleventum (Bénévent), et plusieurs autres villes. Des colonies d'Éoliens de l'île d'Eubée bâtirent entre autres Parthénope (Naples), Messine, d'où toute cette partie du sud retint le nom de Grande Grèce.

Au milieu de ces peuples étrangers vivaient, entre le Tibre et les montagnes de Bénévent, les *Osces* ou *Ausones* et les *Sabelliens*. Une tribu des Osces, les *Casci*, ou *aborigènes*, mélangés avec les Ombriens, les Étrusques, les Pélasges sicules, etc., formèrent le peuple des *Latins*, nommés ainsi de leur roi *Latinus*.

Les guerriers pasteurs sabelliens ne formaient qu'un seul peuple, celui des *Sabins*.

En 1260, le Troyen Énée abordait au rivage des Latins, apportant à ces futurs maîtres du monde le palladium de céleste origine (les Romains s'en targuèrent depuis). Nul doute qu'il ne fît partie du bagage sacré de *lares* et de *pénates* que le vieil Anchise emporta naguère de Troie embrasée!

Énée avait fondé *Lavinium* sur la côte du Latium. Ascagne son fils bâtit *Albe la Longue* et y résida.

Douze rois de la race troyenne se succédèrent dans ce lieu, jusqu'à *Procas*, qui avait deux fils *Numitor* et *Amulius*. Ce dernier prit le pouvoir qui appartenait à l'aîné, Numitor, et tua son neveu. Mais *Sylvia*, fille de Numitor, devint mère de deux jumeaux, et ces faibles orphelins, échappant aux dangers qui menaçaient leur enfance, devenaient les représentants du droit qu'avait violé leur oncle. Les flots du Tibre débordé, au lieu d'engloutir le berceau qui les portait tous deux, le déposèrent parmi des buissons, au pied du mont *Palatin*. Là, une louve fut leur première nourrice; puis, le berger *Faustulus*, les ayant découverts, les porta dans les bras de sa femme, *Acca Laurentia*, qui les nomma *Romulus* et *Rémus*.

Élevés parmi les pâtres, les jumeaux acquièrent, avec la force du corps, un caractère turbulent et emporté. Romulus eut des compagnons qui se ralliaient au nom des *Quintilii*; ceux de Rémus s'appelaient les *Fabii*, et les jeux de ces troupes rivales étaient des querelles, des défis, des combats.

A la suite d'un démêlé qu'eurent les deux frères avec les bergers de leur oncle Numitor, ils durent comparaître devant lui; Faustulus alors leur découvrit le secret de leur naissance. Ils tuèrent Amulius, et rendirent le trône à Numitor, qui, en récompense, leur donna une certaine étendue de territoire.

152. — Lequel des deux possesseurs aurait l'honneur d'y fonder une ville? Cette contestation devait être soumise à l'arrêt des *augures*; les prêtres sabelliens déterminaient le succès et le droit d'après le vol des oiseaux. Or, six vautours se montrèrent aux regards de Rémus sur le mont *Aventin*; mais, au même instant, Romulus en compta douze sur le mont Palatin. Il fut donc autorisé à tracer l'enceinte que remplirait sa capitale et il la nomma Rome.

Le rempart s'élevait peu au-dessus de terre quand Rémus, en raillant, le franchit d'un saut; sensible à l'affront et prompt à la colère, Romulus tua son frère en s'écriant : « Ainsi périsse *quiconque franchira ces murs*! »

Telle est la légende. De nombreux témoignages attestent qu'il y eut autour du mont Palatin, bien avant Romulus, une vieille cité latine nommée *Ruma*, où le peuple était partagé en deux castes : les *patriciens*, c'est-à-dire *pères*, *patrons*, protecteurs de la seconde, les *plébéiens* ou fermiers, marchands et artisans. Romulus ne fit sans doute que s'introduire dans cette ville avec sa belliqueuse troupe et s'y fortifier.

« Romulus et ses successeurs furent toujours en guerre avec leurs voisins, pour avoir des citoyens, des femmes ou des terres : ils revenaient chargés des dépouilles des peuples vaincus, c'étaient des gerbes de blé et des troupeaux : cela y causait une grande joie. Voilà l'origine des triomphes. »

« Pour avoir des femmes, » ainsi que le dit l'historien cité, Romulus imagina un étrange moyen : il invita les peuples voisins à des fêtes religieuses, et, pendant que les pères et les frères prenaient part aux jeux, chaque Romain s'empara d'une jeune fille ; outrage et trahison dont les étrangers voulurent tirer vengeance en attaquant les ravisseurs.

Les *Céniniens* furent défaits. Romulus rapporta les armes de leur roi *Acron* et consacra dans le temple de Jupiter Férétrien ces dépouilles, nommées *opimes* ou prises sur un chef. Les Sabelliens ou Sabins allaient commencer le combat, lorsque leurs filles, nouvelles épouses des Romains, se jetant entre leurs maris et leurs compatriotes, firent cesser les hostilités, et les Sabins et les Romains ne firent désormais qu'un seul peuple.

BABYLONIE. — 747. — Le règne glorieux du fils de Bélésis, Nabonassar, de 747 à 733, sous lequel les connaissances astronomiques, en se perfectionnant, permirent aux Chaldéens d'établir une chronologie plus certaine, est l'*ère* selon laquelle sont classés les temps de l'histoire d'Orient.

GRÈCE. — 744. — Les Lacédémoniens, et les Messéniens, deux peuples doriens d'origine, se livrent une guerre (*première guerre de Messénie*) qui dure vingt ans. De mutuelles violences, entre autres le meurtre de *Téléclus*, l'un des deux rois de Sparte, par *Polycharès*, en étaient la cause ; des actes de la férocité sauvage des Messéniens en marquent les péripéties : ils perdirent les villes d'*Amphia* et d'*Ithome*.

Tyrtée, le boiteux difforme, qui fut un poète inspiré, a gémi sur le deuil de ces batailles, sur la honte des Messéniens vaincus. On les obligea à porter à Sparte la moitié de leurs moissons, et, sous des peines sévères, à y venir, vêtus de noir, aux funérailles des rois et des hommes puissants ; « ils pleurent, chantait Tyrtée, eux et leurs femmes, lorsque la Parque tranche les jours de leurs maîtres ! »

736. — Pour la possession du chétif territoire de *Tyrée* et des montagnes de la *Cynurie*, les *Spartiates* attaquèrent les *Argiens*. Les deux peuples convinrent de choisir chacun trois cents combattants ; le pays contesté serait adjugé à la nation du parti vainqueur.

Du côté des Spartiates, le seul Othryade respirait encore, deux Argiens survivaient aux leurs ; ne voyant plus d'ennemis à combattre, ils se hâtent, ils portent à Argos la nouvelle de leur succès. Othryade pendant ce temps, rassemble ses forces défaillantes ; il dépouille les ennemis morts, élève de leurs armes un trophée, et avec le sang qui coule de ses blessures, il trace auprès ces mots : « Les Lacédémoniens, vainqueurs des Argiens ! » puis se perçant de son épée, il achève de mourir. Tel était l'héroïque amour qu'inspirait la patrie à ces antiques citoyens.

Il nous faut ajouter que, le lendemain, aucun des deux peuples rivaux ne consentit à se reconnaître vaincu ; une nouvelle épreuve eut lieu, ce fut une grande bataille ; les Spartiates l'emportèrent.

JUDÉE. — Royaume d'Israël. — 848-817. — Les règnes des deux successeurs de l'usurpateur Jéhu avaient été troublés par les attaques des rois de Syrie, *Hazaël* et *Bénadad*, « qui les frappent et les réduisent comme la poussière de l'aire où on bat le grain. » En 744, *Téglatphalazar*, fils de Phul, prélude, par ses succès en Judée et ses rigueurs, à la ruine du royaume d'Israël, que consomme son successeur, *Salmanazar*, par la prise de Samarie (718). Les Israélites sont transférés dans les villes de la Médie, et le vainqueur établit son peuple dans la demeure des vaincus.

ROME. — 714. — Tatius, le roi sabin étant mort, Romulus, en considération de ses victoires sur les *Véiens*, fut accepté pour son successeur. Mais un jour qu'il passait une revue, pendant un orage qui dispersa le peuple, le roi disparut. On raconta à la foule qu'on l'avait vu monter dans le char de Mars au milieu des éclats de la foudre, et l'on fit de celui que sans nul doute quelque rival avait assassiné, un dieu adoré sous le nom de *Quirinus*.

De nombreux prétendants briguaient la royauté. Après une année perdue en agitations, on concéda aux Romains de faire l'élection, mais ils durent choisir un Sabin : ce fut *Numa Pompilius*, le plus juste des hommes. Ses institutions pacifiques et religieuses purent modifier singulièrement le caractère turbulent des Romains, et développer en eux la probité et le goût du travail.

Fervent serviteur des dieux, Numa éleva un temple à Janus et un à la *bonne foi* ; il institua l'ordre honorable des *Vestales*, ou prêtresses de Vesta (l'Isis d'Égypte), gardiennes du feu sacré et du palladium. Il défendit l'usage des sacrifices sanglants, divisa le peuple en neuf corps de métiers, distribua au peuple les terres conquises par Romulus, et dévoua aux dieux infernaux quiconque déplacerait les bornes d'un champ. La longueur de son règne seconda ses sages intentions, il dura quarante-trois ans.

ÉGYPTE. — 713. — *Séthos*, prêtre de Vulcain, détrône le dernier roi éthiopien *Sabacon*. Hostile aux gens de guerre, dont il méprisait le concours, il fut desservi par eux; sa mort laissa l'Égypte dans l'anarchie. Après deux ans d'interrègne, douze des principaux seigneurs se partagèrent le pays (674-656). Et ce fut pour eux que fut construit le fameux labyrinthe composé de douze palais, sous lesquels s'étendaient de vastes souterrains, sépultures des rois et des crocodiles sacrés.

Un oracle avait promis la suprématie en Égypte à qui ferait des libations à Vulcain (Ptah) dans une coupe d'airain. Les *douze rois* étant réunis pour s'acquitter de cet acte religieux, le nombre nécessaire de coupes d'or se trouva incomplet. PSAMMÉTIQUE, l'un des rois, se servit de son casque, lequel était d'airain. Les onze autres princes virent en cette circonstance l'interprétation de l'oracle; ils se liguèrent contre Psammétique, qui dut fuir, mais qui néanmoins parvint à se faire reconnaître roi en 656 et commença la vingt-sixième dynastie.

ROYAUME DE JUDA. — 712. — Au temps du saint roi *Ezéchias*, *Sennachérib*, fils de Salmanazar, prit toutes les villes fortifiées de Juda. *Rabsacès*, son lieutenant, haranguant le peuple juif du haut des murailles, l'invitait à la révolte contre le roi et le Dieu de son espérance. « Les dieux des nations, leur dit-il, ont-ils délivré leurs terres de la main du roi des Assyriens? »

« Le bruit de ton orgueil est monté à mes oreilles; » dit Isaïe, annonçant sur l'Assyrien les desseins du Dieu qui l'inspire; « c'est pourquoi je mettrai un cercle à ton nez et un mors dans ta bouche, et je te ramènerai par le même chemin d'où tu es venu.

« Mais toi, ô Ezéchias! mange cette année ce que tu trouveras, la seconde année ce qui naîtra de soi-même : mais, la troisième année, sème et recueille, plante des vignes et mange-en les fruits. »

La perte d'un nombre considérable de ses soldats, qui périrent en une seule nuit, força Sennachérib à la retraite; il abandonna le siège de Jérusalem, et la perte de Juda fut ajournée.

SEPTIÈME SIÈCLE AV. J.-C.

Depuis quarante ans, la Messénie gémissait dans l'opprobre du servage. Un héros, Aristoménès, rêvait de l'en affranchir (682). Un jour, il part seul, pénètre pendant la nuit dans Sparte, suspend un bouclier au temple de Minerve avec cette inscription : « Aristoménès à Minerve, les dépouilles des Lacédémoniens. »

Sparte s'indigne, s'arme et consulte l'oracle ; Apollon veut que les Spartiates demandent un chef aux Athéniens ; ceux-ci n'osent résister aux ordres du dieu ; mais, comme s'ils se raillaient, c'est Tyrtée, le maître d'école infirme, qu'ils choisissent pour diriger des bataillons.

Cependant les mâles accents du poète seront plus puissants qu'un bras armé pour échauffer l'âme des cohortes : « Combattez avec courage pour cette terre, jeunes guerriers, et n'abandonnez pas vos aînés, ces vieux soldats dont les jambes ne sont plus légères : car c'est chose honteuse de voir étendus sur la terre, en avant des jeunes hommes, un brave dont la tête est blanchie. A la jeunesse tout sied : tant que le guerrier a cette noble fleur de l'âge, où l'admire, on l'aime, et il est beau encore lorsqu'il tombe au premier rang. »

Malgré le gain d'une bataille, malgré sa résistance pendant onze ans au sommet de l'Ira, Aristoménès ne put sauver la Messénie d'une seconde défaite.

MÉDIE. — ASSYRIE. — Les royaumes d'Orient subissaient alors une série de révolutions rapides. L'organisation défectueuse du gouvernement d'Arbacès en Médie avait laissé cette province livrée à l'agitation qui suit inévitablement l'établissement d'un régime nouveau. L'honnête *Déjocès*, élu roi en 755, s'était appliqué à rétablir l'ordre, à créer des lois ; en fondant *Ecbatane*, pour en faire sa capitale, il avait achevé de placer la Médie au rang des États régulièrement constitués. Mais à cause de sa proximité de Babylone et de Ninive, elle était, pour ces puissantes voisines, une proie mutuellement convoitée.

680. — Entre Babylone et Ninive c'est un duel à mort. *Assarhaddon*, fils de Sennachérib prend Babylone. Mais ce sera pour Ninive un court triomphe : trente-six ans plus tard *Nabopolassar*, gouverneur de Babylone pour le roi de Ninive *Chinaladan*, appelé aussi Sarac, se révolte, se fait reconnaître roi, et aidé du Mède *Cyaxare* Ier, petit-fils de Déjocès, s'empare de Ninive. En lui commence le *second empire d'Assyrie* (625).

ROYAUME DE JUDA. — **658.** — Le fils d'Assarhaddon, *Saosduchéüs*, nommé par les Juifs *Nabuchodonosor* Ier, ayant vaincu les Mèdes, son cœur s'enorgueillit, dit l'Écriture, « et il jura par son trône qu'il combattrait toutes les nations de l'Asie, depuis l'Euphrate jusqu'au Liban et aux confins de l'Éthiopie. « Il envoya en Judée son général *Holopherne* qui, comme on sait , périt devant Béthulie de la main de la courageuse Judith (658).

« Malheur à vous qui traînez l'iniquité comme de longues chaînes, et « le péché comme les traits d'un char ! Le Seigneur, d'un coup de sifflet, « appellera la mouche qui est à l'extrémité de l'Égypte, et l'abeille d'Assyrie. Et elles viendront, et elles se reposeront près des torrents et « dans les creux des rochers, et sur les haies et sur tous les arbrisseaux. »

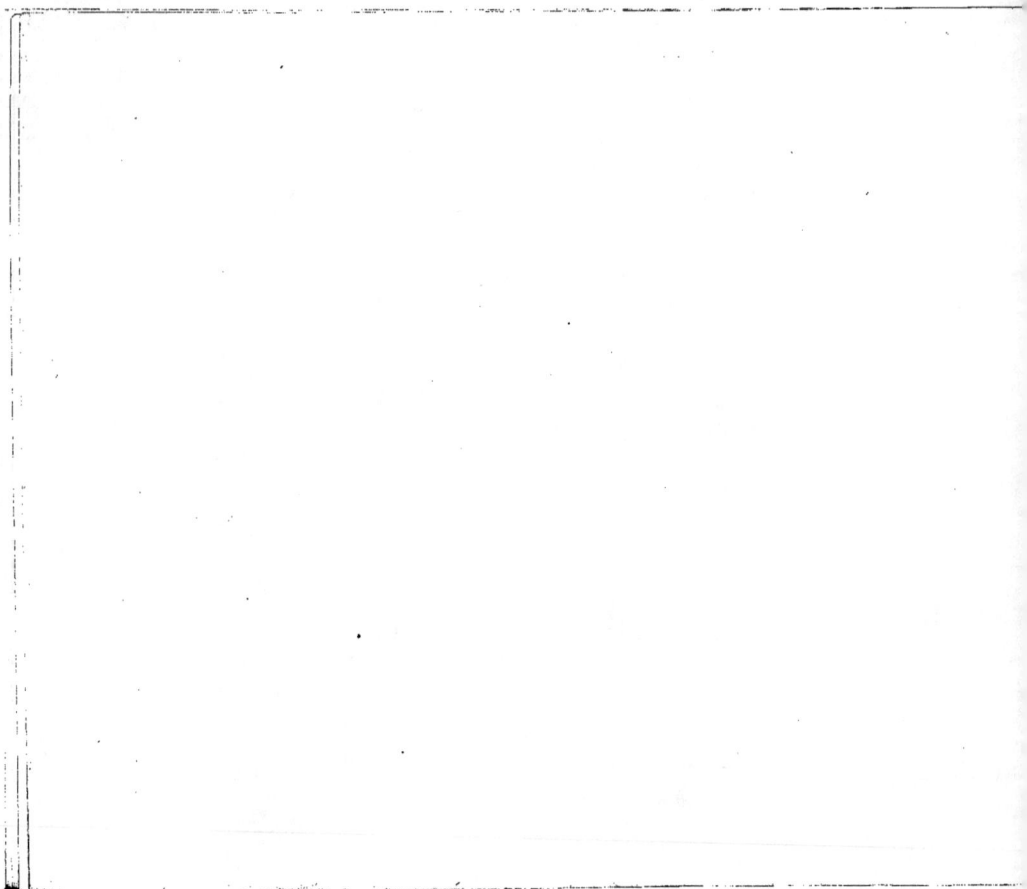

VII.e SIÈCLE AV. J.C.

Combat des HORACES et des CVRIACES.

ARISTOMÈNE

TYRTÉE

JÉRÉMIE
et Baruc.

NÉCHAO

LES PHOCÉENS
en Gaule.

JVDITH
et Holopherne

Ainsi prophétisait Isaïe. Importuné de ces constants anathèmes et de ces prédictions, le roi de Juda, *Manassès*, « qui répandit des flots de sang innocent » mit à mort l'homme de Dieu, issu comme lui du sang royal.

639. — Sous *Josias*, s'élève une autre voix, celle-ci pathétique et désolée, c'est *Jérémie*, pleurant l'humiliation prochaine de la Judée : « Qui donnera à mes yeux une source de larmes! Écoutez donc, femmes, la parole du Seigneur. Apprenez à vos filles l'hymne de douleur et enseignez-vous les unes aux autres les gémissements. »

Le temple de Jérusalem était devenu la demeure d'une multitude d'idoles. Josias, rameau sain de la tige perverse de Manassès, livra au feu les autels des dieux étrangers et fit purifier et réparer le sanctuaire de Salomon. Comme on procédait à ce travail, « le livre de la loi, donné par les mains de Moïse, » fut retrouvé.

Tel était l'oubli dans lequel étaient tombées ces divines ordonnances, qu'on apprenant ce qu'elles contenaient, Josias, saisi de douleur, déchira ses vêtements. Il en fit faire la lecture à tout le peuple assemblé et donna cet ordre : « Célébrez la Pâque selon qu'il est écrit au livre de l'alliance, car la Pâque n'a pas été célébrée depuis le temps des Juges. »

ROME. — Nous ne voyons point, en ce nouvel État, les fils de rois hériter du titre de leur père. *Tullus Hostilius*, qui succède au pacifique Numa, (671) eut pour aïeul un de ces guerriers déterminés, compagnons d'armes de Romulus; fidèle à sa belliqueuse origine, il ranima l'ardeur militaire parmi les Romains, et ce fut contre la vieille cité leur mère, contre Albe, qu'il les conduisit. Elle réclamait la prééminence sur sa cadette.

661. — Les deux armées étaient en présence et aucune n'osait commencer un combat où plus d'un pouvait compter d'antiques liens de parenté. Albe choisit donc pour soutenir sa cause trois guerriers, ce sont des frères, les CURIACES; les champions de Rome sont les trois fils du vieil HORACE; un de ces derniers est vainqueur. Albe est détruite, son peuple transféré sur le mont *Cælius*.

639. — Le successeur de Tullus, qui fut tué par la foudre, est *Ancus Martius*, petit-fils de Numa. Il rétablit le culte des dieux, négligé par son prédécesseur, mais il ne put fermer le temple de Janus : il lui fallut combattre les *Véiens*, les Sabins, les *Volsques*. Par ses victoires, le territoire de Rome s'étendit jusqu'à la mer; Ancus mit à profit cette pré-

cieuse acquisition en faisant construire, à l'embouchure du Tibre, un port, celui d'*Ostie* (624).

Un riche marchand de Corinthe dut quitter sa patrie pour se soustraire à la tyrannie du roi *Cypsélos*. Il se réfugia chez les Étrusques, avec lesquels il faisait un grand commerce, et devint chef de la ville de *Tarquinie*. De là son fils Lucius ajouta à son nom celui de Tarquin.

614. — Ce dernier vint s'établir à Rome. Doué de beaucoup d'adresse, il sut s'insinuer dans les bonnes grâces du roi; l'emploi généreux de son immense fortune lui fit des amis dans le sénat, et le rendit l'objet de l'admiration du peuple. Ancus, en mourant, le nomma tuteur de ses deux jeunes fils; mais cette mission honorable ne suffisait point à son ambition : il se fit proclamer roi.

Rome fut dotée par lui de monuments utiles autant que magnifiques. Attentif à flatter le peuple en veillant à ses besoins et à ses plaisirs, il fit entourer de portiques le *forum* (place du marché), où se tenaient les assemblées publiques; le sommet du mont *Tarpéien* fut aplani et l'on y établit un cirque pour des spectacles et des jeux importés de l'Étrurie. Le *Capitole*, ou forteresse de Rome, fut commencé, mais une construction demeurée fameuse comme ouvrage d'art et comme bienfait de Tarquin, est la voie souterraine appelée *cloaca maxima* (grand égout).

Bien que la haute fortune de Tarquin dit l'*Ancien* eût pour premier degré le rang que sa famille tenait des Étrusques, il les haïssait, leur fit la guerre et les vainquit. Toutefois il introduisit à Rome une partie de leurs usages. Le premier, il célébra un triomphe avec toute la pompe étrusque : la robe brodée à fleurs d'or, la couronne de laurier, le sceptre d'ivoire, le char traîné par quatre chevaux blancs. Les sièges d'ivoire ou chaises curules des sénateurs, les faisceaux de verges, surmontés d'une hache, que portaient les *licteurs* devant le roi et les magistrats, ont la même origine.

ÉGYPTE. — 608. — « En ce temps-là, pharaon NÉCHAO monta contre le roi des Assyriens (*Nabuchodonosor* II, fils de Nabopolassar). » « Le roi de Juda, Josias, marcha contre lui, et la bataille s'étant donnée à *Mageddo*, Josias fut tué. Joachas, son fils, régna trois mois, et pharaon « Néchao le prit et l'enchaîna. »

Néchao, fils et successeur en 617, de Psammétique, est plus remarqué

5

comme administrateur de l'Égypte que à cause de la part qu'il prit aux événements de la Judée. Le commerce de son pays dut une grande extension à la création du canal qu'il fit creuser du Nil à la mer Rouge, et l'on dit que par ses ordres, des navigateurs phéniciens explorèrent toutes les côtes de l'Afrique, donnant ainsi une grande impulsion aux sciences et à la navigation. *Psammis*, son fils, régna après lui sans éclat en 601.

ROYAUME DE JUDA. — **606**. — Pendant le règne désastreux de *Joakim*, où le roi de Juda « recevait l'or et l'argent de tout le peuple afin de le donner à pharaon Néchao, » Nabuchodonosor II prit Jérusalem, et transféra à Babylone « le roi, tous les princes, les chefs de l'armée, et dix mille captifs; » ainsi commençait l'accomplissement des paroles de Jérémie : « Et toute cette terre ne sera plus qu'une solitude, et toutes ces nations serviront le roi de Babylone pendant *soixante et dix années*. »

Plus d'une fois, les prêtres et les princes de Juda avaient usé de violence pour contraindre le prophète au silence; mais lui, afin de soustraire à l'oubli les avertissements célestes, appela, de la prison où il était retenu, *Baruch*, son secrétaire, et « Jérémie parlant à Baruch écrivit dans un livre toutes les paroles que le Seigneur lui dictait. »

GRÈCE. — Après avoir assisté au cataclysme qui précipite tous les trônes d'Orient, notre vue se reposera sur les œuvres de la civilisation en Grèce. Les sciences, la législation, la politique, une morale, parfois si élevée, qu'on la dirait émanée de l'Évangile, sont enseignées à cette époque par des chefs d'école au nombre de sept, désignés ensemble sous le nom des *sept sages*. Ils avaient pour méthode de résumer leurs idées en de courtes maximes rédigées dans un style simple.

Bias, de la ville de *Priène* en Ionie, s'était voué à plaider gratuitement devant les tribunaux, et, seulement, pour les causes qu'il croyait justes. De là, pour affirmer la certitude d'un droit, cette locution proverbiale : « C'est une cause dont se chargerait Bias. »

Cléobule, de *Rhodes*, disait : « Faites du bien à vos amis pour vous les attacher davantage, à vos ennemis pour en faire des amis. » Une prudence égoïste semble avoir dicté cet axiome; nous proposerons de préférence celui-ci à la jeunesse : « Soyez toujours plus empressé d'écouter que de parler. »

Pittacus, de *Mytilène*, enseignait la modération des désirs; il renvoya à Crésus les présents que ce riche monarque lui adressait, en lui disant : « qu'il avait déjà le double de ce qui lui était nécessaire. »

« Les lois répriment les pauvres et n'atteignent pas les puissants. Elles ressemblent à des toiles d'araignées qui retiennent les mouches et laissent passer les oiseaux. » Cette comparaison du Scythe ANACHARSIS trouve encore parmi nous son application.

Périandre, tyran de Corinthe, était au début de son règne, digne par sa bonté du titre de sage, mais la puissance fut rarement compatible avec la modération.

« Dieu est sans fin et sans commencement, » affirme le Phénicien THALÈS, qui habita *Milet*. C'est aussi lui qui nous propose cette étude importante autant qu'abstraite : « Connais-toi toi-même. » Géomètre et astronome, il prédit une éclipse; de son école sortirent ceux qui considérèrent les astres comme de simples corps, et non comme des êtres divins.

L'éphore CHILON mourut de joie en embrassant son fils couronné aux jeux Olympiques comme vainqueur au pugilat. « On éprouve l'or avec la pierre de touche, dit Chilon; par l'or lui-même on éprouve les hommes. »

Parmi les villes ioniennes, échelonnées sur le littoral de l'Asie Mineure et celles des îles, douze des principales, telles que *Phocée*, *Smyrne*, *Milet*, *Chio* et *Samos*, alliées pour leur mutuelle défense, formaient la confédération ionienne. Elles étaient célèbres par leur commerce, leur richesse, le raffinement de leur luxe, par leur navigation; elles avaient des comptoirs nombreux sur les côtes de l'Italie et de l'Espagne.

Phocée voulut former un de ces établissements dans les Gaules; le chef de l'expédition, *Euxène*, débarqua sur le territoire des Ligures de Provence; et, s'étant rendu près du chef d'une de leurs tribus, celle des *Salyes*, il fut reçu par lui au moment des noces de sa fille *Gyptis*.

L'usage, chez cette nation, était que toute fille épousât celui qu'elle choisirait parmi les invités au festin nuptial, et qu'elle lui fit connaître sa préférence en lui offrant une aiguière remplie d'eau. Dès que Gyptis eut vu le costume orné, les traits intelligents, le maintien poli du jeune Ionien, elle lui présenta l'aiguière et l'épousa. Une portion du territoire des Salyes lui fut donnée en dot. Les Phocéens y bâtirent une ville qu'ils appelèrent *Massilia*, de *mas salyorum*, ou habitation des Salyes. Nous avons changé ce nom en celui de Marseille.

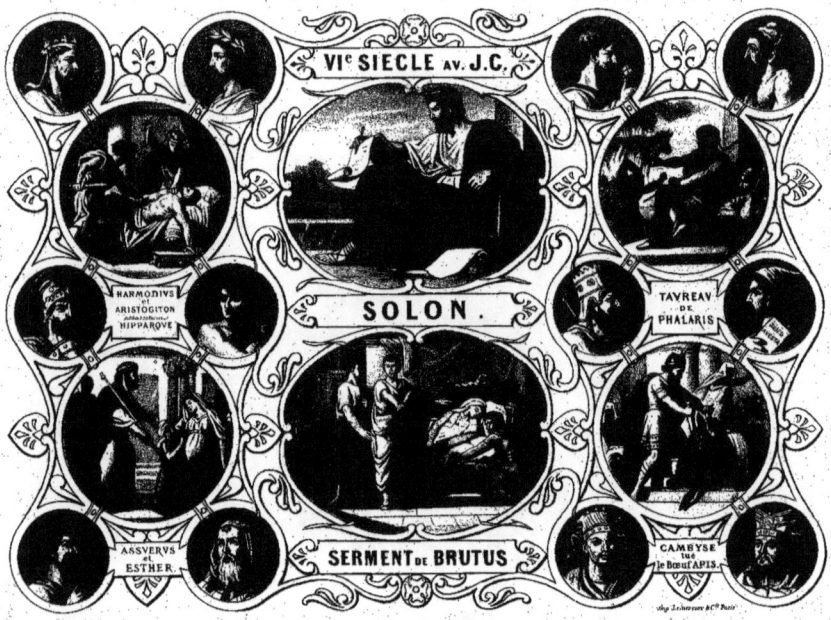

VIᵉ SIECLE AV. J.C.

SOLON.

HARMODIVS
et
ARISTOGITON
assassinent
HIPPARQVE

TAVREAV
DE
PHALARIS

ASSVERVS
et
ESTHER.

SERMENT DE BRUTUS

CAMBYSE
tue
le Bœuf APIS.

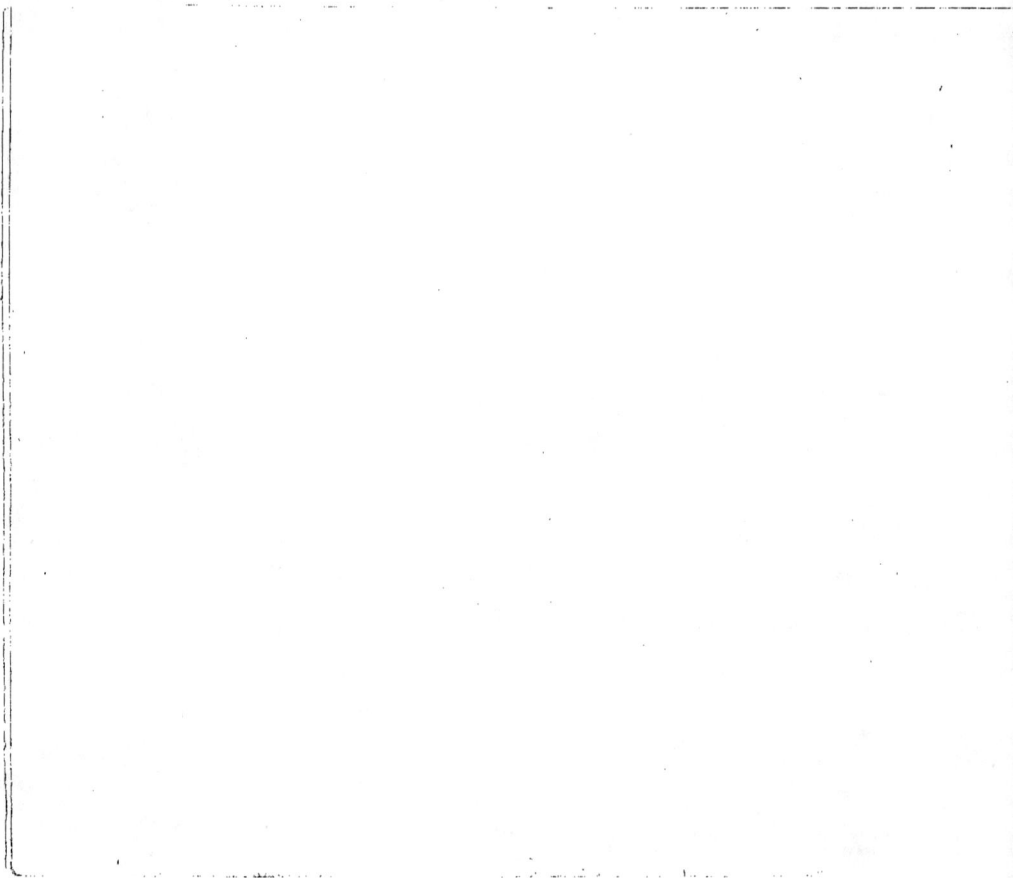

SIXIÈME SIÈCLE AV. J.-C.

GLOIRE DES PERSES. — FONDATION DE LA RÉPUBLIQUE ROMAINE

A division de l'autorité entre plusieurs maîtres ne peut engendrer que rivalités et désordres. Cela était advenu dès que le gouvernement de la Grèce avait été confié à neuf archontes à la fois. Pour corriger cet état de choses, *Dracon*, l'un des archontes annuels, fit des lois tellement rigoureuses qu'elles furent inexécutables. Elles infligeaient le même châtiment au paresseux et à l'assassin.

596. — Pour mettre un terme aux discordes qui les affligeaient, les Athéniens implorèrent l'intervention du sage *Épiménide* de Crète ; il leur conseilla d'écouter les avis d'un des leurs, de *Solon*.

593. — Celui-ci, bien qu'il fût de la race illustre et vénérée de Codrus, n'avait pas dédaigné de réparer par le commerce son manque de fortune. Il avait beaucoup voyagé et passait pour un sage. Il fut nommé archonte. Le but qu'il se proposa principalement dans la nouvelle législation nécessaire à la Grèce, fut le soulagement des pauvres par la diminution des impôts qui les accablaient. Il fit des citoyens quatre catégories : les riches, les gens aisés, composaient les trois premières, ils supportaient les charges et recevaient les dignités ; les pauvres formaient la quatrième, la classe déshéritée ; mais admis dans les assemblées du peuple, ils partageaient le droit d'accepter ou de rejeter les lois préparées par le sénat.

Après que Solon eut complété son code, il fit jurer aux Athéniens de l'observer pendant cent ans sans y rien changer ; puis il se démit de ses fonctions et voyagea. Il séjourna quelque temps à la cour de Lydie et vit l'Égypte heureuse sous le gouvernement d'*Amasis*. Quand, après dix

ans, il revint à Athènes, l'archonte *Pisistrate*, bien qu'il respectât ses institutions, avait outre-passé les limites prescrites à son autorité. Affligé de cette atteinte portée à la liberté de sa patrie, Solon se retira dans l'île de Chypre, et y mourut âgé de quatre-vingts ans.

Pisistrate, parent de Solon, descendait comme lui de Codrus. Ses avantages extérieurs, son affabilité lui avait acquis l'amour du peuple. Il avait l'art précieux pour un ambitieux, dans un gouvernement où le peuple délibère, de parler à la foule, de la captiver, de l'émouvoir. La tyrannie de Pisistrate (les anciens appelaient tyrannie le pouvoir usurpé) fut douce et avantageuse aux Athéniens ; ils lui durent leur première bibliothèque publique et le premier recueil écrit des œuvres d'Homère.

JUDÉE. — ASSYRIE. — « Le roi *Sédécias* régna en la place de
« *Jéchonias*, fils de Joakim, Nabuchodonosor l'ayant établi roi sur la terre
« de Juda. »

597. — Ces princes, autorisés par le vainqueur à régner moyennant le payement d'un tribut, se révoltèrent et appelèrent ainsi de nouveau en Judée les armées babyloniennes. Jérusalem fut prise pour la troisième fois sous Sédécias. « Nabuchodonosor fit crever les yeux à ce prince, le
« conduisit à Babylone et l'enferma dans une prison jusqu'au jour de sa
« mort. »

587. — « Et *Nabuzardan*, général des Chaldéens, transféra les restes du peuple à Babylone. Il ne laissait dans la terre de Juda que quelques-uns des plus pauvres, les vignerons et les laboureurs. Beaucoup de ces malheureux s'en allèrent en Egypte. « La fille de Sion a été abandonnée comme la hutte après la saison des fruits » (Isaïe).

572. — Nabuchodonosor II, après un siège de treize ans, prit et détruisit Tyr « devenue muette au milieu des eaux » (Ezéchiel). Elle fut reconstruite dans une île voisine. Cette ambitieuse activité et ces nombreux triomphes du conquérant assyrien exaltèrent ses facultés, il devint fou. Après s'être érigé en Dieu, il se crut métamorphosé en bœuf. Pendant sept ans que dura cet état de démence, le gouvernement fut laissé à la reine *Nitocris*, et depuis lors l'Assyrie inclina vers sa ruine.

Or Dieu n'abandonnait pas son peuple captif. Il lui suscitait de nouveaux prophètes dont les écrits, en rappelant à cette nation déchue « au front usé, au cœur endurci, » son origine, son histoire, ravivait en elle l'amour de son impérissable religion. *Ezéchiel*, prêtre, l'un de ces plus illustres inspirés, fameux par ses visions, dont il nous décrit la magnificence terrible, reproche aux Hébreux leurs crimes dans un style enflammé d'indignation. S'il leur annonce leur délivrance, ce n'est point comme Isaïe et Jérémie, avec un fier tressaillement pour la réhabilitation de la patrie : sa parole revêt alors une forme nouvelle de récrimination. « Ce « n'est pas à cause de vous que j'agirai ainsi, dit le Seigneur; soyez con- « fuse et rougissez, maison d'Israël, tout ce qui restera des peuples qui « vous environnaient reconnaîtra que c'est moi qui suis le Seigneur ; moi, « qui ai parlé, et qui ai fait. »

« Quand Nabuchodonosor II eut transporté les Juifs en Babylonie, il or- « donna de choisir parmi les enfants d'Israël, de jeunes gens beaux de « visage, habiles dans les sciences et dans les arts, pour les faire habi- « ter dans le palais du roi et leur apprendre à écrire et à parler la langue « des Chaldéens. »

Parmi eux se trouvait *Daniel*; « or Dieu lui donna l'intelligence de toutes les visions et de tous les songes. » Telle fut la source de la haute faveur à laquelle fut élevé le quatrième des grands prophètes, faveur qu'il conserva sous les règnes suivants.

ROME. — 578. — Tarquin l'Ancien régnait depuis trente-six ans. Toutefois les fils d'Ancus Martius n'oubliaient point les droits dont il les avait frustrés : ils le firent assassiner par deux bergers. Aussitôt la reine *Tanaquil* ordonna de fermer les portes du palais et fit déclarer au peuple (elle était

sûre de son appui) que Tarquin blessé chargeait son gendre Servius Tullius de le suppléer. Lorsqu'il ne fut plus possible de dissimuler, l'élévation de Servius était assurée; le sénat et les *curies*, — ainsi l'on appelait chacune des dix parties d'une tribu, — s'y opposèrent vainement.

Qu'était-ce que ce Servius? Le peuple romain le croyait fils d'une esclave du palais. Pour les Toscans, il n'était que l'ancien chef d'une armée de mercenaires qui se serait retiré à Rome et aurait changé son nom étrusque pour le nom romain de Servius. Cette origine obscure, en le rapprochant du peuple, lui avait acquis sa faveur, et il s'en fit l'ami en diminuant, par des lois nouvelles, la puissance des patriciens, en instituant l'affranchissement des esclaves et en admettant ensuite ces hommes libérés au rang de citoyens. Servius agrandit Rome et la rendit plus forte par l'alliance qu'il conclut avec trente villes latines.

Il avait uni ses deux filles aux deux fils de Tarquin : *Lucius* et *Aruns*. *Tullie*, femme de celui-ci, fit assassiner son mari et sa sœur pour épouser *Lucius*. Accablé de douleur, Servius voulait abdiquer et établir le gouvernement consulaire. Ce fut le prétexte que saisit Lucius pour soulever les patriciens contre son beau-père. Profitant de l'absence du peuple, retenu hors de Rome par les soins de la moisson, il se rendit au sénat, revêtu des insignes royaux, et, précipitant du haut des degrés le malheureux Servius, le fit assassiner par ses affidés (534).

SICILE. — 565. — Lorsque les habitants d'*Agrigente*, colonie grecque, voulurent confier au Crétois Phalaris, le commandement d'une armée contre leurs voisins, le poète *Stésichore*, pour les en dissuader, leur raconta la fable du cheval qui s'est voulu venger du cerf.

Effectivement, les Agrigentins eurent bientôt en Phalaris un tyran cruel. *Périlaüs*, sculpteur et mécanicien, ayant imaginé de faire un taureau d'airain dans lequel des condamnés cuiraient à petit feu, l'offrit à Phalaris, qui l'accepta et en fit l'essai sur l'artiste lui-même. Plusieurs des plus nobles citoyens d'Agrigente périrent de cet horrible supplice.

MÉDIE. — ASSYRIE. — PERSE. — Une monarchie nouvelle et glorieuse, celle des Perses, va s'élever dans ce pays qui n'a plus occupé de place dans ces pages depuis que, au temps d'Abraham, nous l'avons appelé le pays d'Elam.

Cyaxare Ier, après quarante ans de règne, laissait le trône à son fils As-

(yage (595). Celui-ci donna sa fille *Mandane* à Cambyse, prince de Perse, tributaire de la Médie. De ce mariage naquit le grand *Cyrus*.

L'imagination des Orientaux a brodé de légendes l'histoire de ce fameux conquérant. Les jeunes élèves connaissent tous Cyrus par diverses anecdotes qui le représentent, dans son enfance, déjà mûr et sentencieux comme un sage. Les historiens anciens se contredisent tous sur cette époque de sa vie, sur les causes et les circonstances de sa mort.

547. — Ce qui paraît certain, c'est que Cyrus défit à la bataille de *Thymbrée*, cet autre conquérant, l'orgueilleux *Crésus*, qui, ayant soumis la Lycie, la Cilicie, s'élançait au-devant de Cyrus, se flattant d'ajouter à son immense prospérité la gloire de vaincre un si illustre adversaire. La prise de Sardes par les Perses mit fin au royaume de Lydie, fondé dès le seizième siècle. La vie de Crésus fut épargnée ; il mourut à la cour de son généreux ennemi.

À *Evilmérodach* (562), *Nériglissor* (560), *Laborosoarchod* (555), succédait *Labynit* que l'Écriture nomme *Balthasar*, prince efféminé, oisif et lâche, et l'empire d'Assyrie périssait une seconde fois par la même cause qui avait déterminé sa première chute.

Cyrus, ayant achevé de soumettre une partie de l'Asie Mineure et de l'Arabie, assiégeait Babylone pour son oncle Cyaxare II. Cependant, «Balthasar donna un grand festin à mille d'entre les grands, ils buvaient « le vin (dans les vases sacrés, ravis au temple de Jérusalem) et louaient « leurs dieux , lorsque apparurent des doigts , comme d'une main « d'homme, écrivant sur la muraille de la salle ces mots : *Mané, Thecel,* « *Pharès.* »

Daniel, appelé pour expliquer ces paroles inconnues, les traduisit ainsi : « Roi, Dieu a compté ton règne et il l'a accompli ; ton royaume « est divisé, et il est donné aux Mèdes et aux Perses. Et la même nuit « Balthasar fut tué. » Par le lit de l'Euphrate, réduit à sec au moyen de canaux creusés sous les murailles, Cyrus introduisait son armée dans Babylone et la prit (558).

556. — *Cyaxare II,* nommé dans l'Écriture *Darius le Mède,* n'ayant point d'enfants, laissa en mourant la Médie à Cyrus. Le Perse comprit alors cent vingt provinces, des mers Caspienne et Méditerranée, au golfe Persique et à la mer des Indes.

Cyaxare avait, comme ses prédécesseurs, donné sa confiance à Daniel : il l'avait établi au-dessus de tous les princes et de tous les satrapes (gouverneurs des provinces). Toutefois, contraint de céder à l'animosité des grands, jaloux de la faveur du prophète, il avait dû le punir de son refus d'encenser Bel. Le miracle de la *fosse aux lions* mit en honneur la religion des Juifs ; et quand Cyrus, devenu roi, vit écrites ces paroles d'Isaïe : « J'ai suscité Cyrus dans ma justice, je l'ai pris par la main pour lui as- « sujettir les nations, pour frapper les rois, il rebâtira ma ville, il déli- « vrera les captifs, » heureux de l'éclat que ces prophéties répandaient sur son nom, il rendit un édit (556) par lequel il autorisait les Juifs à retourner dans leur patrie et leur offrait les moyens de relever Jérusalem et le temple.

Plus de quarante-deux-mille Israélites quittèrent donc le lieu de la captivité et rentrèrent en Judée, sous la conduite du grand prêtre Josué, et de *Zorobabel,* descendant des rois de Juda. Mais ils furent mal accueillis par les *Samaritains,* de la race des anciens Juifs, dont le temple était à *Garisim,* et qui s'opposèrent à la reconstruction de celui de Salomon. Un grand nombre des plus riches restèrent continuellement à demeurer au delà de l'Euphrate, soumis au gouvernement de Cyrus et de ses successeurs.

PERSE. — ÉGYPTE. — 550. — *Cambyse Iᵉʳ,* fils de Cyrus, autant que lui possédé de l'esprit de conquêtes, n'eut point sa magnanimité. Amasis, roi d'Égypte, ayant offensé le feu roi par un manque de foi, Cambyse fit la guerre à *Psamménite,* fils d'Amasis, le défit, et mit fin au *premier royaume d'Égypte,* qui avait vu 479 rois (525).

Tyrannique et brutal, il ne craignait pas d'irriter les vaincus en montrant tout son mépris pour leurs croyances ; il tua de sa main le bœuf *Apis.* Son frère, le jeune *Smerdis,* qui l'avait accompagné dans cette expédition, fut assassiné par lui. Apprenant que *Patisithe,* chef des mages, avait mis sur le trône de Perse, son frère, nommé comme celui du roi, Smerdis, Cambyse se disposait à rentrer dans ses États, lorsque s'étant blessé lui-même, il mourut, ne laissant point d'enfants (522).

Le faux Smerdis avait jadis subi un châtiment infamant en usage en Perse : la perte de ses oreilles. Six des grands du royaume ayant découvert son imposture et sa honte, le déposèrent et élurent un des leurs, *Darius Iᵉʳ, fils d'Hystaspe.*

520. — Ce prince est l'*Assuérus* de l'Écriture, l'époux de la Juive Esther, qui sut obtenir de lui la révocation de l'édit publié à l'instigation de l'Amalécite Aman, pour ordonner le massacre général de tous les Israélites du royaume. De plus, Darius voulut bien autoriser *Esdras*, docteur de la loi, à relever enfin le temple de Jérusalem, et la nouvelle dédicace en fut célébrée en dépit des Samaritains (516).

Dans l'idolâtrie des Perses, point d'animaux immondes, point d'images difformes. Leur culte était celui des astres, du soleil, désigné sous le nom de *Mithra*, du feu surtout ; le soin du brasier sacré n'était confié qu'aux *mages*, leurs prêtres, leurs savants. Ils admettaient un Dieu suprême : le temps, et deux génies rivaux toujours en guerre : *Oromase*, esprit du bien, et *Arhiman*, dont les œuvres sont les crimes et les calamités. Ces croyances furent modifiées et corrigées par ZOROASTRE. Il apprit aux Perses à révérer le soleil comme l'ouvrage d'un dieu indépendant, à considérer le bien et le mal comme les agents de ses desseins ; il prescrivit l'amour de ses semblables, l'espérance en Dieu et annonça la résurrection des corps. S'étonnera-t-on du caractère quasi chrétien empreint dans cette doctrine, lorsqu'on saura que, selon la version la plus accréditée, Zoroastre étudia sous Daniel ! Darius Iᵉʳ régnait depuis environ trente ans, lorsque le philosophe perse lui présenta l'ensemble de ses dogmes, résumés par lui dans le livre sacré nommé *Zend-Avesta*.

INDE. — Nous avons nommé l'Inde dans les hauts faits des conquérants, dans les explorations des navigateurs. Elle-même date son ère de l'an 2402 ; quelques savants nomment un de ses rois, *Nanda*, et placent son règne en 1550. Mais leurs recherches n'ont retrouvé que des traces effacées, et l'histoire en tient si peu de compte, que nous n'avons point cru devoir jusqu'alors leur faire une place dans ces époques.

On adorait en ce pays la *Trimourti* ou trinité, dont les trois membres : *Brahma*, créateur, *Vichnou*, conservateur, et *Siva*, destructeur, partageaient les Hindous en trois sectes. Un sage, tel est le sens du nom de BOUDDHA, en langue sanscrite, vint en ce siècle enseigner un dieu suprême, tout-puissant, juste et bon, immatériel, et ne pouvant conséquemment être représenté par aucune image, ni être mieux honoré que par une contemplation silencieuse. Le bouddhisme s'établit dans l'Asie orientale vers 500.

CHINE. — Dans le même temps, la Chine possédait le moraliste KONG-FOU TSEU, que nous appelons *Confucius* ; ses pensées, spécialement appliquées aux devoirs des hommes, et en particulier des gouvernants, sont, ainsi que le faisaient les sages de la Grèce, réduites en sentences : « Régner, c'est diriger. Princes, donnez vous-mêmes l'exemple de la droiture ; qui osera ne pas vous suivre ? Apprends à bien vivre, tu sauras bien mourir. » Pauvre et persécuté souvent pendant sa vie, Confucius reçut après sa mort des honneurs qui n'ont jamais été rendus à aucun homme. « Je révère Confucius, disait un empereur : les empereurs sont les maîtres des peuples, et il est le maître des empereurs. »

GRÈCE. — Les religions de l'Asie orientale contenaient toutes le dogme de la *métempsycose*, selon lequel les âmes, après la mort, iraient animer d'autres corps, ou d'hommes ou d'animaux. Le philosophe PYTHAGORE, né à Samos, qui fit de nombreux voyages pour étudier les mœurs et les cultes, fut séduit par ce système, né de la conviction universelle que l'âme ne peut mourir. Il l'enseigna dans l'école fameuse, fondée par lui à *Crotone*, en Italie. Il a formé l'arithmétique et la géométrie, sciences mal coordonnées jusqu'alors. Dans son système planétaire, Pythagore place le soleil au centre du monde et établit le mouvement de rotation de la terre autour de cet astre, devançant ainsi de vingt siècles la démonstration de Copernic. Mais moins heureusement inspiré en ce qui intéresse la religion, il définit la nature de Dieu et l'origine de l'univers dans un langage emprunté aux formules mathématiques.

Et ce n'était pas seulement parmi les favorisés de la fortune que se produisaient alors en tous lieux les doctes et les moralistes : l'esclave de l'Athénien Demarate, de Xanthus, puis d'Iadmon de Samos, ÉSOPE, enfin, pour faire entendre à tous des vérités que, dans son abjecte condition, il n'eût osé dire, composa ces fables ingénieuses qu'un de nos poètes français a rajeunies et parées des grâces de sa poésie. Chacun sait qu'affranchi par son troisième maître, Ésope voyagea, fut admis à la cour de Crésus et y rencontra Solon. L'apologue des *Grenouilles qui demandent un roi* fut par lui raconté à Pisistrate.

521. — *Hipparque* et *Hippias*, fils de Pisistrate, avaient succédé à leur père ; ils gouvernaient comme lui, et comme lui encourageaient la culture des sciences et des arts. Deux jeunes hommes, *Harmodius* et *Aristogiton*, voulant se venger d'une injure qu'ils avaient reçue d'Hipparque, profitèrent de l'occasion que leur offrait la fête des Panathénées, où tout le peuple était armé, pour le soulever contre les tyrans. Hipparque fut tué. Hippias, alors, devint odieusement soupçonneux et cruel. Quelques années plus tard (510), chassé par les Athéniens, il dut s'enfuir et trouva un refuge en Perse, à la cour de Darius.

ROME. — 509. — Cette même année où Athènes se délivrait des Pisistratides, Rome faisait justice des crimes des Tarquin.

Lucius, que son goût pour le luxe faisait nommer *Tarquin le Superbe*, avait gouverné sans souci des lois, accablant d'impôts les pauvres, dépouillant les riches, proscrivant, mettant à mort quiconque lui résistait ou l'inquiétait. Près de lui, le seul qui semblât ne point devoir éveiller sa défiance était son neveu *Junius*, un idiot, que, à cause de son apparente ineptie, on appelait *Brutus*.

Tarquin, d'ailleurs guerrier actif, préparait le siège d'*Ardée*, capitale des *Rutules* ; ses fils, oisifs au camp en attendant l'attaque, passaient les jours à des jeux divers ; dans leurs frivoles entretiens, ils vinrent à discuter du mérite de leurs femmes et proposèrent que, pour en mieux juger, on allât les surprendre chez elles. A Rome, les princesses se livraient aux plaisirs, mais à *Collatie*, LUCRÈCE, fille du préfet de Rome, et femme de *Tarquin Collatin*, neveu du roi, filait et vaquait aux soins domestiques. *Sextus Tarquin* l'insulta grossièrement ; la vertueuse Romaine ne put supporter la honte de cette offense, elle se tua en présence de son père, de son mari et de Brutus.

L'occasion était venue pour ce dernier de quitter l'aspect stupide sous lequel il avait caché son énergique haine contre Tarquin, meurtrier de ses parents. Il fait porter à Rome le corps de Lucrèce, harangue le peuple, soulève l'armée, assemble le sénat, qui décrète l'exil des Tarquins et *l'abolition de la royauté*. Brutus et Collatin sont nommés *consuls*.

La famille proscrite ayant en vain ourdi trois conspirations dans Rome, lui suscita des ennemis au dehors : Tarquinies, Véies, les Sabins, les Latins et les Volsques. Mais ces attaques multipliées ne firent qu'exalter le patriotisme des Romains. *Porsenna*, roi de Clusium, assiégeait Rome. HORATIUS, surnommé *Coclès* (le borgne) parce qu'il avait perdu un œil dans un combat, défendit seul, contre les Étrusques, le passage d'un pont qui donnait entrée dans la ville, pendant que ses compagnons détruisaient ce pont derrière lui.

Un autre, nommé MUCIUS, pour mettre fin à cette guerre, résolut d'aller poignarder Porsenna dans son camp. Au lieu du roi, il frappa son secrétaire, plus richement vêtu que son maître. Afin de punir de sa méprise cette main inintelligente, Mutius la place au-dessus du brasier préparé pour le soumettre à la torture, et la regarde brûler froidement. Porsenna admire, s'effraye du courage de ses ennemis et renonce à continuer la guerre.

La mutilation de Mutius devint son titre de noblesse ; il fut surnommé *Scævola* (le gaucher).

GRÈCE. — Les poètes ANACRÉON et *Simonide* avaient dans les Pisistratides d'intelligents protecteurs. Le premier, né à *Téos* en Ionie, vivait dans l'habitude des plaisirs, que célébrent ses vers : le repos dans la paresse, l'insouciance, le vin, la gaieté des banquets. La grâce et, en même temps, la concision de son style, l'ont rendu aussi renommé dans son genre que le sont Homère et Pindare, dont il était contemporain. Anacréon mourut à quatre-vingt-cinq ans, à table, on peut le supposer, puisque ce fut, dit-on, de la suffocation que lui causa un pepin de raisin.

PINDARE, que ses odes et ses hymnes en l'honneur des vainqueurs couronnés dans les jeux ont fait appeler le prince des poètes lyriques grecs, était né dans le voisinage de Thèbes : il était *Béotien !* Quand deux siècles plus tard, Alexandre amena dans cette ville l'armée macédonienne, il enjoignit à la soldatesque empressée au pillage de respecter la famille de Pindare, et d'épargner la maison qu'avait habitée le poète.

CINQUIÈME SIÈCLE AV. J.-C.

GLOIRE DE LA GRÈCE

Nous avons dû précédemment être bref en nommant les curies, fractions par dixièmes des tribus patriciennes, réunies dans les assemblées appelées *curiates*, pour exprimer par un *vote* leur adhésion ou leur rejet des propositions émises par le sénat.

Servius Tullius avait émancipé les plébéiens, en admettant les plus riches d'entre eux, classés en diverses catégories, d'après le *cens*, ou état de leurs fortunes, à faire partie des assemblées appelées dès lors *comices* ou *centuriates*, parce que les classes de citoyens y votaient par centièmes ou *centuries*. Toutefois les patriciens conservèrent toujours une influence prédominante, parce qu'ils comptaient trois centuries de plus que les plébéiens, et, conséquemment, trois votes qui leur assuraient la majorité.

La jeunesse de nos jours n'entend-elle pas assez fréquemment ces mots de vote ou suffrage et de majorité, pour comprendre, d'après cet exposé sommaire, les causes des diverses révolutions qui agitèrent la république romaine ?

Après la chute de Tarquin le Superbe, les patriciens rétablirent l'organisation des centuries, détruite par lui. Ils investirent les consuls d'une autorité presque égale à celle qu'avaient eue les rois, mais ils ne leur fut pas permis d'en jouir plus d'une année, afin de ne point laisser aux ambitieux le temps de fonder une tyrannie.

Abandonné par Porsenna, Tarquin souleva le Latium tout entier contre Rome. Or la misère des plébéiens devint extrême : la loi ordonnait qu'ils s'équipassent à leurs frais pour faire la guerre ; ils s'endettaient, et, s'ils ne pouvaient payer, leurs créanciers étaient autorisés à les prendre pour esclaves. Ils réclamèrent l'abolition des dettes, déclarant leur refus de combattre si ce dégrèvement leur était refusé ; le sénat les apaisa par des promesses. En même temps, pour dominer cette situation périlleuse, il créa un *dictateur*, magistrat suprême, nanti, pour six mois seulement, d'un pouvoir illimité.

494. — La victoire du *lac Régille* délivra à jamais l'Italie des Tarquins ; ses fils y furent tués, le vieux roi, blessé, alla se réfugier à Cumes, où il mourut peu de temps après. L'arrogance du sénat s'accrut de ce succès ; le peuple revendiqua l'allégement de ses charges, et ce fut vainement encore ; alors il se retira sur le *mont Sacré*, à trois milles de Rome, y établit son camp, déclarant aux envoyés du sénat sa résolution de ne jamais fléchir sous la tyrannie des patriciens. Pourtant, grâce à l'intervention d'un des nouveaux députés, *Menenius Agrippa*, qui sut les convaincre en leur proposant l'apologue des *Membres et l'Estomac*, l'irritation se calma. Il fut permis aux plébéiens d'élire, parmi les membres des centuries, deux *tribuns* chargés de venir en aide au débiteur contre de trop rigoureux créanciers ; entre autres prérogatives, ces défenseurs du pauvre eurent le droit d'assembler les comices ; de suspendre d'un seul mot, *veto* (je m'oppose), les décisions du sénat ; leur personne fut déclarée inviolable et sacrée.

PERSE. — GRÈCE. — Darius, ayant chassé jusqu'au delà du Danube une invasion nouvelle des hordes scythes, prit au retour de cette expédition la Macédoine et la Thrace. Il convoitait la Grèce ; Hippias n'eut pas de peine à obtenir de lui qu'il l'aidât à se venger des Athéniens. Sous pré-

Ve SIÈCLE AV. J.C.

LÉONIDAS

THÉMISTOCLE

MILTIADE XERXÈS

ASPASIE ET PÉRICLÈS

LYSANDRE. ARISTIDE

CORIOLAN

MORT D'ALCIBIADE

CINCINNATUS

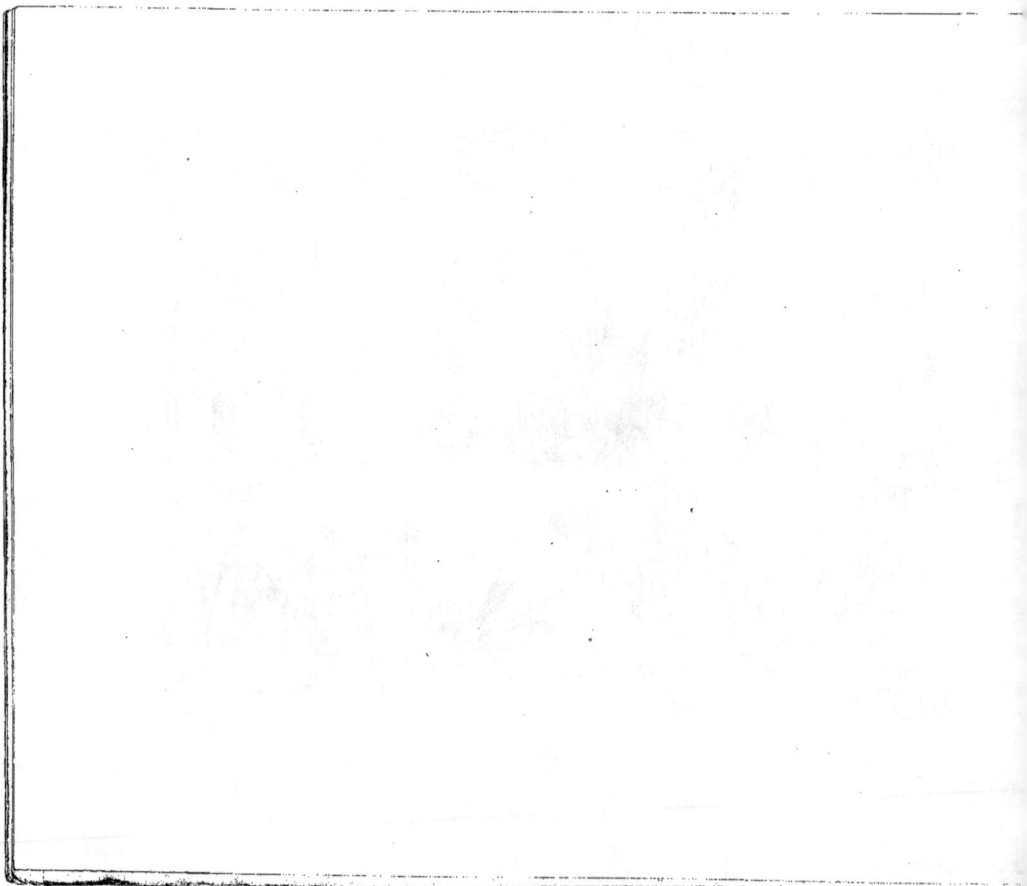

texte que ceux-ci l'avaient offensé en incendiant Sardes, lorsqu'ils secouraient les Ioniens révoltés contre son joug, Darius envoya en Grèce des hérauts demander en son nom l'hommage de la terre et de l'eau; la plupart des îles et quelques villes du continent se soumirent au tribut. « Vous demandez la terre et l'eau? répondirent Sparte et Athènes; vous aurez l'une et l'autre. » Et ils jetèrent dans un puits les envoyés.

Alors six cents vaisseaux perses apportèrent dans l'île d'Eubée (Négrepont) l'armée de Darius, qui prit Naxos, puis Érétrie, et débarqua, selon les indications d'Hippias, dans la baie de Marathon, à six lieues d'Athènes.

490. — La Grèce était terrifiée. Athènes, abandonnée à l'imminence du péril, expédia à Sparte un coureur qui franchit en deux jours cette route de 240 kilomètres. Les Spartiates étaient pleins de zèle, mais une de leurs lois religieuses leur défendait de se mettre en marche avant que la lune fût dans son plein: ils ne pouvaient partir avant neuf jours.

Il fallut donc que les Athéniens et mille Platéens, en tout onze mille hommes, allassent affronter cent dix mille Perses! Dix généraux devaient commander cette petite armée à tour de rôle, chacun pendant un jour; l'un d'eux, Miltiade, eut toute la gloire de cette bataille de Marathon, où les Grecs vainquirent, laissant sur le terrain six mille quatre cents Perses, parmi lesquels était le traître Hippias. Les Spartiates arrivèrent le surlendemain. Découragée par cet échec, la flotte de Darius retourna en Asie.

À Athènes, on croyait avoir suffisamment récompensé un citoyen utile, lorsqu'il voyait son nom inscrit, ou son image représentée dans les monuments publics; ensuite, si moins heureux, il échouait dans une autre entreprise, sans tenir aucun compte des services passés, on le punissait. Miltiade, le héros de Marathon, figurait dans les galeries du Pœcile; mais il ne put conduire avec le même succès l'attaque des Athéniens contre Paros, attaque dirigée dans le but de fermer l'entrée de la mer Égée aux Perses; il fut condamné à payer une amende considérable, et mourut peu de temps après.

THÉMISTOCLE, ARISTIDE, et XANTIPPE illustrèrent à leur tour le grand siècle militaire de la Grèce. Le dernier n'est guère remarquable qu'en ce qu'il fut le père de Périclès.

Thémistocle, tout jeune encore, indifférent aux triomphes des gymnases, qu'ambitionnaient ses condisciples, se livrait déjà aux études profondes qui initient à l'art de gouverner les États. « Chants ni jeux ne me conviennent, disait-il, mais qu'on me donne une ville petite et faible, et je la rendrai grande et forte. » Le désir de s'assurer une renommée étendue était le mobile de toutes ses actions: « les trophées de Miltiade l'empêchaient de dormir. »

Aristide possédait par ses vertus réelles, par sa scrupuleuse probité, l'estime que Thémistocle avait acquise à force d'intrigues. Or ce dernier s'efforçait de nuire à son rival; il insinuait surtout que, en attirant à lui tous les procès du peuple pour les concilier, Aristide s'arrogeait les fonctions des tribunaux.

L'ostracisme ou jugement rendu par le peuple contre les citoyens suspectés de menées ambitieuses, était récemment institué par l'archonte Clisthène. Le nom d'Aristide fut proposé à cette assemblée, il était présent; un paysan, interrogé par lui sur le motif de l'arrêt de bannissement que cet homme le priait d'écrire sur la coquille enduite de cire qui servait à émettre le vote, lui répondit: « Je ne connais pas cet Aristide, mais je suis las de l'entendre appeler le Juste. » Et le Juste partit pour l'exil.

ROME. — **488.** — Une loi dont l'application soulèvera dans Rome plus d'une tempête, est celle appelée agraire, parce qu'elle était relative aux terres. Le consul Cassius propose que ces terres, les unes conquises, appartenant aux patriciens, les autres, faisant partie du domaine public, seront distribuées aux citoyens pauvres, afin qu'ils les cultivent à leur profit, à la condition qu'ils payeront certaines redevances à l'État. Cette innovation met en jeu l'avidité du peuple, qu'afflige alors la disette, et l'avarice des patriciens, pour lesquels les revenus de ces terres étaient une grande richesse. Les sénateurs sont accusés de retenir les blés que la Sicile envoie.

Marcius, jeune patricien, surnommé par ses soldats CORIOLAN, en mémoire de la victoire de Corioles, ville des Volsques, invite le sénat à refréner les plébéiens par la reprise de toutes les concessions faites au mont Sacré. « Point de blé ou plus de tribuns, » dit-il. Ceux-ci réclament énergiquement la mise en jugement de cet ennemi du peuple; Coriolan, exilé, se retire chez les Volsques, et à la tête de leurs légions soulevée, dévaste, les colonies plébéiennes et assiège Rome. Les consuls, les vieillards, les pontifes, les sacrificateurs, se rendent tour à tour auprès de lui, le suppliant d'épargner sa patrie ; il demeure sourd à leurs prières, mais il ouvre ses bras à sa mère *Véturie*, à sa femme, et n'accorde qu'à leurs larmes le sacrifice de sa vengeance (488).

Exilés par le sénat sous l'inculpation d'aspirer à la tyrannie en servant les intérêts du peuple, les *Fabius* s'en vengèrent par le plus noble dévouement : Rome était en guerre contre les Véiens ; les Fabius, au nombre de trois cent six, suivis de quatre mille *clients* ou leurs dévoués, retinrent pendant deux ans l'ennemi devant le fort de *Cremère* et moururent tous en le défendant (457).

PERSE. — GRÈCE. — 485. — Darius n'était plus. La mort l'avait interrompu dans les immenses préparatifs d'une guerre qui pût venger dignement la Perse du désastre de Marathon. Xerxès Ier son fils continua ses armements.

On connaît sa folle colère contre les obstacles, la lettre au mont Athos, l'Hellespont fustigé et marqué d'un fer rouge, pour avoir osé rompre un premier pont de bateaux que le monarque avait fait établir entre Sestos et Abydos pour le passage de son armée. Un second fut construit ; près de trois millions de soldats, recrutés dans les quarante-six nations tributaires de la Perse, l'ayant franchi, s'acheminèrent par la Thrace. Là ils se partagèrent en trois corps : le premier, commandé par *Mardonius*, beau-frère de Xerxès, côtoya le rivage de la mer ; le second s'engagea dans les montagnes, et le roi, à la tête du troisième, choisit la route du centre. Par un canal ouvert dans les flancs d'Athos (qui n'eut garde de s'y opposer) s'avancèrent environ mille trois cents galères et trois mille vaisseaux chargés de machines de guerre. Il semblait que combattre de pareils ennemis serait une tentative insensée. Xerxès, n'en doutant point, envoya des hérauts dans les provinces grecques, pour recueillir leur hommage. Beaucoup se soumirent au tribut, d'autres promirent de rester neutres ; Athènes fit demander du secours à *Gélon*, roi de Syracuse ; il avait lui-même à tenir tête à trois cent mille Carthaginois. La Crète refusa sa coopération ; enfin, les paroles obscures de la Pythie semblaient annoncer les plus terribles catastrophes.

Toutefois une espérance s'en dégage : « Jupiter, dit-elle, consent qu'un mur de bois vous soit un inexpugnable rempart. » Par ce mur de bois, Thémistocle, qui peut-être avait dicté la réponse de l'oracle, croit qu'il faut entendre des vaisseaux. Cet avis prévaut, on arme cent quatre-vingt trirèmes.

480. — D'après la direction qu'avait prise le corps d'armée de terre que commandait Xerxès, il semblait certain que, pour pénétrer en Grèce, il devait s'engager dans un étroit défilé des montagnes, qui sont une ramification de l'Œta, et que l'on appelle le passage des *Thermopyles* (portes des eaux chaudes), à cause de ses sources chaudes. Un peu plus de cinq mille hommes des diverses provinces de Grèce, commandés par LÉONIDAS, roi de Sparte, furent commis à la garde de ce poste important.

Les Spartiates, gens ponctuels, on a pu le remarquer, célébraient alors les fêtes d'Apollon ; le soin de défendre la patrie en danger n'étant pas même assez puissant pour suspendre cet acte religieux, ils n'avaient, en attendant, fourni que trois cents des leurs à la petite avant-garde que conduisait leur souverain aux Thermopyles. Mais retenons une ironique appréciation : quand les Grecs, apprenant qu'ils sont trahis et livrés aux Perses, délibèrent, que beaucoup veulent faire retraite, ces trois cents braves refusent de quitter le poste qui leur est assigné ; ils savent « qu'ils souperont chez Pluton : » cette certitude n'ébranle pas leur courage, ils meurent tous auprès de Léonidas. « Leur tombe est un autel, écrit le poète Simonide ; ni la rouille, ni le temps n'effaceront cette épitaphe des braves : Passant, va dire à Sparte que nous sommes morts ici pour obéir à ses saintes lois. »

Vingt mille Perses étaient tombés sous les coups de ces héros. Xerxès se vengea en ravageant la Phocide, en brûlant les villes d'Athènes, de *Thespies* et de *Platée*. Thémistocle conseilla d'attirer l'ennemi en mer ; il y réussit par une ruse : il adressa au roi de Perse un messager pour l'assurer de son secret dévouement, et lui dire qu'il aurait aisément raison des Grecs en enfermant leur flotte dans le détroit de *Salamine*. Xerxès le crut, il subit une défaite complète. « Comme des thons, comme des poissons qu'on vient de prendre au filet, à coup de tronçons de rames, de débris de madriers, ou écrase les Perses, on les met en lambeaux. Enfin la nuit montra sa sombre face et les déroba aux vainqueurs » (Eschyle). Xerxès se hâta de fuir avec son armée de terre, et sa flotte regagna précipitamment l'Hellespont.

De son exil, Aristide avait suivi anxieusement la manœuvre hardie de

Ve SIÈCLE av. J.C.

THVCYDIDE

HÉRODOTE

ESCHYLE ARISTOPHANE

SOCRATE ET PLATON

SOPHOCLE EVRIPIDE

XÉNOPHON

PHIDIAS ZEVXIS

HIPPOCRATE

Thémistocle. Au travers des vaisseaux ennemis, il était venu combattre avec ses concitoyens, disant à son ancien adversaire : « Soyons toujours rivaux, mais rivalisons de zèle pour le salut de la patrie. »

430. — Mardonius voulut essayer de relever l'honneur de la Perse. Il demeura en Grèce avec trois cent mille soldats, mais il fut à son tour défait à *Platée*, par Aristide et *Pausanias*, fils du roi de Sparte, et à *Mycale* par Xanthippe.

ROME. — Il n'existait point alors chez les Romains de lois écrites qui déterminassent exactement les limites des pouvoirs. Les consuls et les patriciens décidaient, dans les procès des plébéiens, d'après la tradition des vieilles coutumes, qu'ils interprétaient à leur guise. Le tribun *Tirentillus* demanda qu'un code fût rédigé ; parmi la jeunesse patricienne, qui ne souffrait qu'avec une dédaigneuse impatience la présence des tribuns au forum, le fier Quinctius *Céson* se montrait le plus intolérant. Accusé d'avoir frappé Tirentillus, il eût été condamné à mort s'il ne se fût exilé de lui-même, en Étrurie.

450. — L'amende considérable, qu'il dut payer en outre, réduisit à la gêne son père Lucius Quascrus, que sa magnifique chevelure bouclée avait fait surnommer *Cincinnatus ;* le vieillard dut se retirer dans une chaumière, au delà du Tibre, et cultiver pour vivre le petit champ qui entourait cette pauvre demeure. Le consul Valerius ayant été tué en défendant le Capitole contre les Sabins, on choisit Cincinnatus pour le remplacer. « Je crains bien, ma chère Acilie, dit-il à sa femme, en quittant sa charrue, que notre champ ne soit mal labouré cette année. » Dès que la paix fut rétablie, il déposa le faix de l'autorité et revint à ses occupations agricoles. On ne lui permit pas de s'y livrer longtemps. Pour diriger la guerre contre les Èques, il fut nommé dictateur. « Il traita les Èques vaincus comme ses bœufs, les faisant passer sous le joug. » En seize jours il avait rempli sa mission. Les pompeux honneurs du triomphe ne purent faire germer en lui l'ambition ; il se démit de l'autorité et s'en retourna sous l'humble toit où l'attendait sans doute « sa chère Acilie. »

450. — 451. — Trois ambassadeurs furent envoyés à Athènes pour étudier les lois de Solon. A leur retour, le soin de rédiger un code fut confié à dix magistrats suprêmes, uniques maîtres du pouvoir, nommés *décemvirs ;* leurs ordonnances, classées en dix titres, furent gravées sur des tables d'airain ; plus tard, deux autres chapitres furent ajoutés aux premiers. Ces lois des *Douze tables* sont encore de nos jours l'objet des études des légistes.

440. — Ces puissants décemvirs, toujours entourés d'une nombreuse garde d'honneur, semblaient dix rois. Ils s'érigèrent bientôt en despotes. La mort tragique de *Virginie*, que son père tua lui-même pour la soustraire aux poursuites du décemvir *Appius Claudius*, fut la cause d'une révolte du peuple et de l'armée. Les dix tyrans, menacés de mort, durent abdiquer le gouvernement. Les consuls furent rétablis.

Pausanias, par un traité conclu (466), avec Xerxès, s'était assuré l'appui des armées perses pour établir sa domination sur toute la Grèce. Condamné à mort pour ce fait par les éphores, il s'était réfugié dans le temple de Minerve ; ne pouvant l'arracher de cet asile inviolable, on en mura la porte, et ce fut la mère même de ce criminel de lèse-patrie qui apporta la première pierre pour son supplice.

Athènes semble prendre à tâche de payer d'ingratitude les services de ses grands hommes : Aristide meurt dans le dénûment ; Thémistocle, soupçonné par les Spartiates, d'avoir trempé dans la conspiration de Pausanias, se voit condamné au bannissement par jugement de l'ostracisme. Le vainqueur de Salamine s'enfuit à Argos, puis en Épire, et ne trouve de refuge certain qu'à Suse, près du fils de Xerxès, *Artaxerxès Longue main*. Ce prince, admirant son génie, lui donna trois villes, l'une pour le pain, l'autre pour la viande, la troisième pour le vin. » On croit que Thémistocle s'empoisonna, dans la crainte que son bienfaiteur ne l'obligeât à commander une armée contre la Grèce.

A Salamine, Aristide avait remarqué parmi les plus braves, *Cimon*, fils de Miltiade. C'était un honnête jeune homme, franc, décidé, bienveillant, qui se faisait assez aimer pour qu'on lui pardonnât ses habitudes de folle dissipation. L'éloquence lui manquait pour se rendre utile et célèbre dans les débats politiques ; il préféra servir son pays contre les Perses, qui occupaient encore quelques postes en Thrace. Ses succès eurent pour résultats la conquête d'une importante position pour cette marine que Thémistocle avait créée, et celle de l'île de Seyros, d'où il chassa les pirates, et qui devint une importante colonie athénienne. Ensuite Cimon alla soulever en Asie toutes les villes grecques tributaires d'Artaxerxès, et les affranchil. Là il vainquit les Perses deux fois en un seul jour : et sur le continent, près de Chypre, et sur mer, en détruisant deux cents vaisseaux ennemis : cette défaite détermina le roi à conclure la paix (449).   .

Cimon rapporta de cette expédition un immense butin, dont il fit hommage à la ville d'Athènes. D'ailleurs fortuné, il comblait les pauvres de bienfaits, leur ouvrait ses jardins, mettait à leur disposition les fruits de ses vergers. Il fit décorer de fontaines et planter de sycomores les allées de l'*Académie*, cette promenade où se rendaient les sages pour converser. De ses propres deniers, il coopéra à la restauration d'Athènes, à la construction, commencée par le conseil de Thémistocle, des *longs murs* qui relièrent la capitale à son port, le *Pirée*. Ces bonnes actions, profitables au peuple, semblent avoir été dégagées des calculs de l'ambition, car Cimon, dans les mesures politiques, se montra toujours favorable à la cause de la noblesse. Il était en cela l'adversaire de Périclès.

Celui-ci domine toute la magnifique assemblée de grands hommes qu'une heureuse prédestination a réunis dans son époque, comme pour faire cortége à sa renommée. Il avait appris des philosophes qui dirigèrent sa jeunesse, l'art difficile d'agir en tout avec une réserve prudente, de ne point s'enivrer d'un succès, ni s'irriter d'un obstacle. Économe et frugal sans avarice, ennemi des plaisirs mondains, laborieux, il savait être cependant sociable et hospitalier. Son éloquence sobre avait, dans les occasions importantes, un éclat si puissant, qu'elle rappelait l'idée de la foudre et qu'on avait donné à l'orateur le surnom d'Olympien.

Périclès se trouva le chef de la république par la seule confiance qu'il inspirait, et sans qu'aucune distinction autre que celle de stratége (général) parût l'avoir aidé à s'élever au premier rang.

Nous voyons actuellement éclater dans toute sa violence l'antagonisme de Sparte et d'Athènes. Leur haine s'est nourrie de l'arrogance qu'inspirent à l'une ses succès dans les guerres persiques, de la jalouse défiance que l'autre en a conçue. Une nouvelle guerre de *Messénie* (*la troisième*), guerre contre laquelle Athènes n'accorda qu'avec tiédeur son aide à ceux qui l'avaient soutenue aux Thermopyles, fut la première étincelle de celle du Péloponèse, qui ne durera pas moins de vingt-sept ans, de 451 à 404.

Cette guerre eut quatre périodes bien distinctes : la première se termine à la convention conclue par l'Athénien Nicias. Elle ne fut qu'une

trève, quoiqu'on l'appelle *paix de Nicias* (421). Entre la deuxième et la quatrième période a lieu la désastreuse *expédition de Sicile* (415) par les Athéniens, et la dernière a pour conclusion la bataille navale d'*Ægos-Potamos*, gagnée par l'amiral spartiate Lysandre.

Périclès ne vit point ce regrettable résultat : il mourut en 429, de la peste qui décimait alors la Grèce. Ses faits d'armes, sa politique, avaient donné à Athènes la suprématie sur un grand nombre de villes grecques ; les unes lui payaient un tribut comme sujettes, les autres fournissaient des contributions comme alliées. On accusa Périclès de prodiguer l'or de ces dernières à l'embellissement de la seule Athènes, de la parer de statues et de temples, « comme une femme coquette qu'on couvre de pierres précieuses. » Les villes alliées demandèrent à Périclès de justifier de l'emploi de leurs deniers ; son refus devint le motif avoué de cette guerre du Péloponèse.

Qui ranima les hostilités après la paix de Nicias? qui voulut affronter la puissante république de *Syracuse* pour tenter l'aventureuse conquête des terres intérieures de la Sicile, occupées encore par ses peuples originaires : les *Sicules?* Ce fut Alcibiade, l'enfant gâté des Athéniens.

Alcibiade, beau comme les dieux que sculptait Phidias ; riche et royalement généreux ; pétulant, audacieux, en vrai fils d'Ajax, dont il descendait par son père ; aujourd'hui disciple studieux de Socrate, demain, promenant son indolence flâneuse et son luxueux costume dans les rues d'Athènes, où le peuple bat des mains à sa grâce molle, à sa spirituelle impertinence : tel était le neveu que Périclès avait élevé, le chef actuel de la république. Un premier exil punit ses insuccès en Sicile ; mais ayant racheté cet échec par une victoire, il fut rappelé, acclamé comme le gage de la gloire d'Athènes, nommé généralissime des troupes de terre et de mer. Enfin condamné une fois encore au bannissement, Alcibiade se proposait de passer en Perse; les Spartiates confièrent au satrape de Phrygie *Pharnabaze* le soin de les délivrer de l'Athénien ; les émissaires du satrape mirent le feu à la maison qu'habitait Alcibiade ; comme il était près d'échapper à l'incendie, ils le tuèrent à coups de flèches.

403. — Sparte présidait aux destinées de la Grèce ; elle avait choisi pour gouverner la ville de Périclès trente archontes, despotes obscurs, iniques et cruels; grâce à l'initiative d'un citoyen banni par eux, de *Thra-*

sybule, Athènes se souleva contre les *trente tyrans*, les chassa, les extermina ; ils furent remplacés par les dix, à leur tour déposés. L'ancien gouvernement de Solon fut rétabli.

PERSE. — A Xerxès II, tué par *Sogdien*, avait succédé *Darius II Nothus*, comme les précédents, fils d'Artaxerce Longue main. En 404, il mourait laissant deux enfants : *Artaxerce Mnémon* et *Cyrus* appelé *le Jeune*. Encouragé par sa mère *Parysatis*, ce dernier voulut enlever la couronne à son frère, et obtint des Grecs un secours de treize mille hommes. L'armée de Cyrus, partie de Sardes, alla joindre Artaxerce à *Cunaxa*; Cyrus perdit la bataille et y fut tué. Alors commença la mémorable *retraite* des Grecs, réduits à *dix mille*. Cléarque, leur général, n'étant plus, Xénophon, qui suivait l'armée sans en faire partie, prit le commandement de cette difficile opération militaire, qui est une fuite régulière et digne; il la dirigea si habilement que, après un parcours de 2,400 kilomètres au milieu des périls que leur opposaient et les attaques des hommes et les difficultés du terrain, huit mille six cents Grecs purent revoir leur patrie (400). Xénophon lui-même, aussi remarquable écrivain et philosophe qu'éminent stratégiste, rédigea la relation de cette expédition. Son style offre cela de remarquable que, en traitant de l'art de la guerre, il conserve une douceur élégante qui l'a fait surnommer *l'abeille attique*.

Ce qui nous frappe en évoquant le souvenir des illustres sages du siècle de Périclès, c'est de les voir se signaler dans les combats. N'est-il pas étrange que le recueillement intérieur, habituel au penseur et à l'écrivain, puisse s'allier à l'activité bruyante d'un camp, aux périls de la vie militaire? Nous ne concevons point la douce sérénité de Socrate sous la même tente qu'Alcibiade, d'un bras intrépide sauvant, à Potidée, son disciple, qui, à son tour, à Delium, aide le sage à effectuer une retraite.

Nous empruntons ce qui suit à Xénophon, son disciple, qui publia ses entretiens, les débats de son procès et le récit de sa mort héroïque et sainte. Saurait-on trop admirer ces hommes qui, ne connaissant d'autre foi que celle de leur patrie, définissaient ainsi qu'il suit leur devoir et y conformaient leurs actions?

« L'homme pieux est celui qui connaît et qui pratique le culte légitime que l'on doit rendre aux dieux. Ne négligeons rien, employons toutes nos facultés pour leur plaire; et peut-on mieux leur plaire que par une entière obéissance? »

« Mais Socrate disait qu'un *génie* lui montrait par des signes certains ce qu'il devait faire, ce qu'il devait éviter. » Or, un mauvais poète nommé *Mélitus*, puis un rhéteur et un riche tanneur qui en voulait à Socrate de distraire son fils de la profession paternelle, citèrent le philosophe en justice et l'accusèrent ainsi : « Socrate est coupable en ce qu'il ne reconnaît pas les dieux de la république et introduit des divinités nouvelles ; il est coupable en ce qu'il corrompt les jeunes gens. Peine, la mort. » Le sage présenta lui-même son plaidoyer, « avec toute la force de la vérité, de la justice et de la liberté. » Mais lorsqu'il eut parlé de son *génie*, l'assemblée entière vit un dieu nouveau en cette voix mystérieuse qui n'est autre que celle de la conscience et de la raison, et condamna le sage à boire la ciguë.

« Il fut obligé de vivre encore trente jours après sa condamnation : les fêtes de Délos tombaient précisément en ce mois, et personne ne doit être puni de mort avant que le vaisseau sacré soit revenu. Ses amis, plus empressés pour sa vie que lui-même, avaient gagné le geôlier, tout était disposé pour son évasion. *Criton*, l'un de ses disciples, l'engageait à profiter d'un temps si précieux. » Socrate se recueillit, il écoutait son *génie*. L'esprit familier lui dit « qu'on ne peut sans crime se dérober aux lois et à la justice de son pays. Il aima mieux mourir innocent que vivre coupable. »

Que citerions-nous de Platon qui pût bien faire connaître à nos jeunes élèves cet illustre disciple de Socrate? « Platon, dit l'un de ses traducteurs, est une divinité voilée pour un grand nombre de ceux qui l'appellent le *divin Platon*. Ses mystérieuses pages ressemblent aux feuilles des oracles. » Il embrassa également la théologie, la morale et la législation. Les Pères de l'Église ont étudié et admiré la doctrine de ce païen qui enseigne Dieu, sa providence et sa justice. Saint Justin le croyait inspiré.

Hippocrate, appelé le divin vieillard, qui, le premier, remplaça par un système raisonné, par l'étude des propriétés des plantes, et par la chirurgie, les jongleries jusqu'alors pratiquées dans l'art prétendu de guérir, était au nombre des combattants de Marathon, de Salamine et de Platée, ainsi qu'Eschyle ; nous avons précédemment cité de celui-ci quelques lignes de son récit pittoresque de la défaite des Perses. *Thespis*, le premier qui imagina de simuler une action devant le public, et d'y joindre un discours composé pour la situation, n'avait eu d'autre théâtre que les tréteaux dressés par lui dans les places publiques, ou le chariot qui servait à ses pérégrinations. Eschyle commença à rendre l'intérêt plus vif, en faisant dialoguer deux acteurs à la fois ; il introduisit l'usage des costumes, imagina le mécanisme des décorations ; enfin il intercala dans ses représentations des intermèdes de danses, noblement rhythmées, où les danseurs continuaient l'action par une pantomime expressive, accompagnée de musique ou de la déclamation mélodique des chœurs de chant.

Dans la pièce intitulée *les Perses*, quand du fond d'une perspective profonde, apparaissait l'ombre de Darius disant aux vieillards : « Gardez-vous d'attaquer jamais le pays des Grecs, » quand Xerxès lui-même arrivait au milieu des fugitifs, humilié, vêtu de lambeaux, et qu'à ses cris de désespoir répondaient les gémissements des chœurs, les applaudissements du peuple d'Athènes éclataient en bruyantes clameurs, les soldats de Salamine croyaient triompher une seconde fois.

« On reconnaît, dit La Harpe, un génie nourri de la poésie d'Homère dans les tragédies d'Eschyle. » Dans son épitaphe, qu'il composa lui-même, il se recommande à la postérité par le sentiment patriotique : « Ce monument couvre Eschyle. Le bois tant renommé de Marathon, et le Mède à la longue chevelure diront s'il fut brave ; ils l'ont bien vu ! »

L'heureuse innovation de ce poète donna l'essor à l'art dramatique. Sophocle, qui fut stratège et archonte, composa, dit-on, cent vingt-trois pièces. On raconte qu'il était parvenu à une extrême vieillesse ; ses enfants, las d'attendre son héritage, osèrent demander à l'aréopage d'interdire leur père, sous prétexte que sa tête était affaiblie. Pour toute réponse, le poète lut aux magistrats la tragédie d'*Œdipe à Colonne*, qu'il venait d'achever ; il fut reconduit chez lui en triomphe. Couronné aux jeux Olympiques, Sophocle mourut des transports de sa joie.

Euripide, né à Salamine, le jour où les Grecs triomphèrent des Perses à l'embouchure de l'Euripe, tirait son nom de ce souvenir glorieux. Il avait étudié la philosophie avec Anaxagore et Socrate. Effrayé des persécutions qu'avaient éprouvées ses premiers maîtres, il s'adonna à la poésie tragique et y eut des succès qui rendirent sa renommée égale à celle de Sophocle. Ces deux rivaux, d'abord jaloux l'un de l'autre, se rendirent jus-

tice et devinrent amis, mais Euripide rencontra un impitoyable railleur dans l'auteur comique Aristophane, dont les comédies, sortes de satires dialoguées, parodiaient sans ménagements les ridicules ou les œuvres des citoyens connus, quel que fût leur rang ou leur mérite, et cela dans un style âcre, trivial, souvent grossier, qui, en excitant la gaieté indiscrète du peuple, rendait l'offense plus cuisante à ceux qui en étaient l'objet. Toutefois, il fallait bien que parmi ces bouffonneries effrontées, il se trouvât quelques parcelles de cette exquise finesse qu'on appelle le sel attique, puisque Platon lui-même trouvait du plaisir à les lire.

Hérodote, né à Halicarnasse en Carie, prit la peine de visiter l'Égypte, la Libye, la Phénicie, la Babylonie, afin de recueillir par les traditions l'histoire de ces empires. Les récits qu'il composa, empreints du merveilleux des légendes, écrits dans un style qui se rapproche de la poésie, obtinrent un grand succès, lorsqu'il les lut aux jeux Olympiques. Les Grecs donnèrent à l'auteur le surnom de Père de l'histoire, et aux neuf livres que formaient ses œuvres, le titre des neuf Muses. Tels étaient les maîtres qui se partageaient alors les plus belles facultés dans les sciences et les lettres. Thucydide, lui-même, historien du siècle de Périclès, appelle la docte Athènes de cette époque « l'Institutrice de la Grèce. »

Une glorieuse pléiade d'artistes seconda aussi le génie du grand citoyen dans ses magnifiques créations. Le talent de Phidias, son surintendant des travaux d'art, est caractérisé par le nom d'Homère de la sculpture. C'était en effet des vers d'Homère qu'il s'inspirait pour donner à ses statues si fameuses de Minerve et de Jupiter Olympien, leur indicible majesté. Il orna de ses œuvres les dehors du *Parthénon*, temple de la patronne d'Athènes, construit tout entier avec le marbre du mont Pentélique, par *Callicratès* et *Ictinus*, selon l'ordonnance sobre de l'architecture *dorique*. Ce genre et l'*ionien* étaient jusqu'alors les deux modes en usage ; *Callimachus* inventa l'ordre *corinthien* plus orné. Panénos, frère de Phidias, orna de tableaux le Pœcile. Zeuxis, dans le même art, acquit, outre la renommée, une immense fortune. Et ces génies si divers étaient les hôtes familiers de Périclès. Heureuse intimité dans laquelle l'âme s'alimente incessamment du beau, qui est le reflet de Dieu ! Nous ne devons pas prendre congé de ce cercle illustre sans rendre aussi nos hommages à la dame du lieu, Aspasie, l'épouse de Périclès, dont le savoir égalait la beauté.

PHILIPPE II DE MACÉDOINE — IV.ᵉ SIÈCLE av JC — TIMOLÉON de CORINTHE

VICTOIRE DE CHÉRONÉE

ALEXANDRE-LE-GRAND

PRISE DE SYRACVSE

Mort d'ÉPAMINONDAS

DARIVS · PORVS

LYSIMAQVE · CASSANDRE

SELEVCVS 1.ᵉʳ · PTOLEMÉE Soter

QUATRIÈME SIÈCLE AV. J.-C.

ALEXANDRE LE GRAND

Les tribuns du peuple à Rome s'étaient enhardis jusqu'à convoquer les comices de leur propre autorité, à y faire rendre des arrêts qui imposaient aux patriciens une part égale des charges et des devoirs. Ces arrêts des plébéiens étaient appelés *plébiscites*. Les tribuns en vinrent à prétendre concourir avec la noblesse pour l'élection au consulat. Afin de les satisfaire, sans toutefois tout céder, le sénat substitua aux consuls la magistrature moins élevée des *tribuns militaires*, et admit les plébéiens à en faire partie (444). L'année suivante, on leur concéda aussi d'exercer les fonctions de *questeurs* ou receveurs et payeurs des revenus de l'État, et enfin, en 420, il ne fut plus possible de leur refuser le partage au consulat, qui fut rétabli.

ROME. — 396. — Une trêve de quarante ans avait été conclue avec les Véiens ; mais leur capitale, plus forte que Rome, était comme telle l'objet de la jalousie de celle-ci. La colonie romaine de *Fidènes* s'étant alliée aux Véiens, ce fut un prétexte dont l'assemblée centuriate profita pour voter la reprise de la guerre. La métropole envoya contre les colons infidèles une armée qui les défit. Véies les protégeait, Véies fut assiégée ; le sénat nomma dans cette occurrence le patricien CAMILLE dictateur. Au moyen d'une mine pratiquée sous la citadelle de la ville, il termina victorieusement ce siège qui avait duré dix ans, et fut honoré d'un triomphe, le plus pompeux qu'on eût encore vu.

L'envie, « *versant sur des lauriers les poisons de sa bouche*, » voulut ternir ceux de Camille en l'accusant de s'être approprié le riche butin enlevé à Véies. Par un reste de l'antique déférence qui liait les *clients* à l'honneur du patron, ceux de Camille, en lui déclarant qu'ils ne pouvaient l'absoudre, lui offrirent de payer l'amende qu'il avait encourue. Pour se soustraire à cette double honte, Camille s'exila en Étrurie, souhaitant que son ingrate patrie eût à regretter son injustice.

Au septième siècle, en même temps que le Gaulois Sigovèse s'établissait en Germanie, un autre chef de cette nation belliqueuse et remuante, *Bellovèse*, avait franchi les Alpes et fondé *Milan*. Après deux cents ans, ne se contentant plus des riches campagnes qui prirent d'eux le nom de *Gaule cisalpine*, les Gaulois *Senones*, commandés par un *brenn* ou général, dont on a fait un nom propre BRENNUS, vinrent demander des terres aux Romains. Trois Fabius furent députés vers les barbares ; mais, par l'imprudence qu'ils commirent en tuant l'un d'eux, ils attirèrent sur Rome le fléau de leur vengeance.

Leurs clameurs furieuses, leur aspect sauvage prirent au dépourvu la valeur éprouvée des Romains ; les Gaulois n'eurent point de peine à les disperser sur les rives où l'*Allia* conflue au Tibre. Le surlendemain ils entrèrent dans Rome (390).

La ville était déserte. Les habitants, terrifiés, avaient couru s'enfermer dans le Capitole. Seuls, de vieux sénateurs, dédaigneux de la mort, demeuraient assis devant leur demeure, dans le majestueux appareil de leurs fonctions. Sans doute cette vue pénétra les Gaulois d'une impression vague, mêlée de curiosité, car un de ces barbares, s'approchant comme pour s'assurer de la réalité de ces êtres superbes et silencieux, passa doucement sa main sur la longue barbe d'un patricien, qui, tressaillant sous cette insolence, frappa l'audacieux de sa baguette d'ivoire. Ce fut le signal du massacre de tous ses collègues, du pillage, de l'incendie, qui fit de Rome un monceau de ruines.

Pendant sept mois, les Senones demeurèrent campés dans ces décombres. La famine et la peste les décimaient. Leur tentative pour s'emparer nuitamment du Capitole ayant été vaine, grâce aux cris des oies sacrées qui réveillèrent Manlius et la garde des murailles, ils se décidèrent à se retirer, non sans exiger pour le rachat de leur capture mille livres pesant d'or. « Malheur aux vaincus ! » dit le brenn avide en jetant dans la balance sa lourde épée et son baudrier, afin d'augmenter d'autant la lourdeur de ses faux poids.

Ils s'éloignèrent enfin. Camille, investi de nouveau de la dictature, organisa dans tout le Latium des légions qui les pourchassèrent si activement que peu d'entre eux purent repasser les Apennins.

GRÈCE. — Depuis l'issue de la guerre du Péloponèse, Lacédémone accablait la Grèce entière d'un joug pesant, sans que rien d'utile, rien de grand pût lui faire pardonner sa tyrannie. On regrettait celle d'Athènes, jadis si féconde, si honorable. Les vertus solides de la Sparte de Lycurgue s'étaient même effacées au contact de ses généraux, et tous ceux qui, ayant rempli des missions en Asie, en avaient rapporté, avec de grandes richesses, le goût du luxe et les habitudes de la mollesse. Les éphores et le sénat gouvernaient entre eux ; à peine se souvient-on, en lisant l'histoire de cette époque, qu'il y eût toujours deux rois à Sparte.

Lysandre, infatué de sa victoire d'Ægos-Potamos, voulut essayer de changer la constitution, de rendre la couronne élective, « espérant bien, dit Plutarque, qu'aucun Spartiate ne lui serait préféré. » Comme premier degré de l'élévation qu'il méditait, il réussit à écarter du trône le fils du dernier roi et à y faire monter, à côté de Pausanias, **Agésilas**, en 400.

Mais celui dont il avait cru faire un roi fainéant renfermait dans un corps chétif et disgracié une belle âme et une intelligence clairvoyante ; il ne tarda pas à découvrir le but des intrigues de Lysandre, et l'éloigna.

302. — Les Perses, sans respect pour les précédents traités, molestaient les Grecs d'Ionie. Agésilas passa en Asie, battit Tissapherne, général

d'Artaxerce, et s'apprêtait à pénétrer en Perse même, lorsqu'il lui fallut revenir défendre Sparte contre Thèbes, Corinthe, Argos et Athènes réunies ; il eut l'avantage sur elles à Coronée.

303. — Alors on voit la Perse, pour se garantir des poursuites des Grecs, fomenter entre eux une constante désunion. Tantôt Artaxerce paye les orateurs des villes adversaires de Sparte pour animer leurs peuples à la guerre ; tantôt il fait relever à ses frais les Longs Murs d'Athènes ; puis il s'effraye de la vigueur qu'il a rendue à ces deux ennemies. De son côté, Sparte s'inquiète en voyant renaître sa rivale, et elle conclut avec Artaxerce Mnémon, par l'intermédiaire de l'amiral *Antalcidas*, ce déplorable traité qui, pour humilier Athènes, dégrade toute la Grèce : les villes grecques d'Asie et les îles de Chypre et de Clazomènes appartiendront à la Perse ; toutes les autres villes seront rendues à leur indépendance ; on ne laisse à Athènes que trois îles de la mer Égée. « Le roi de Perse se joindra aux peuples qui accepteront ces conditions pour combattre ceux qui les refuseront. »

« On pourrait, dit Xénophon, citer quantité de faits de ce temps-là qui prouveraient que les dieux ont l'œil ouvert sur les méchants. » Les coupables que l'historien dénonce, ce sont les Spartiates, qui, au mépris du traité récent, ont attaqué Thèbes et pris la *Cadmée*, sa citadelle. Quatre cents Thébains ont été exilés : parmi eux est *Pélopidas*, noble, riche et brave. Il arme les bannis, puis il pénètre avec sept d'entre eux dans la Cadmée, sous le costume de dames attendues pour un festin par les chefs lacédémoniens. Pélopidas et ses compagnons poignardent ceux-ci et appellent aux armes tous les Thébains.

371. — **Épaminondas**, l'inséparable ami du héros, est animé comme lui du plus ardent patriotisme ; il n'a dû qu'à sa pauvreté, à l'obscurité de sa vie studieuse, d'échapper à la proscription. Il se voue à l'œuvre de Pélopidas, dirige les opérations de la guerre contre la Laconie et gagne contre les Spartiates la bataille de *Leuctres*.

363. — Afin de contenir désormais l'ambition de Lacédémone, il fortifie la Messénie et l'Arcadie, limitrophes de la Laconie, et triomphe une seconde fois pour Thèbes contre Agésilas le Grand, à *Mantinée*.

Là, percé d'une lance dont le fer, demeuré dans la plaie, ne pouvait en être extrait sans que le blessé exhalât en même temps la vie, Épaminondas voulut auparavant, être assuré que son bouclier ne restait point en des mains ennemies, lui-même alors arracha le trait meurtrier, et rendit sa belle âme, dont jamais le plus innocent mensonge n'avait terni la pureté, « mourant heureux, dit-il, de ce que, n'ayant point d'héritiers de son nom, il laissait après lui deux filles : ses victoires de Leuctres et de Mantinée. »

Précédemment, Pélopidas était tombé aux monts *Cynoscéphales* en combattant contre les Thessaliens. Thèbes, privée de ces deux illustres *Béotiens*, perdit l'éclat dont elle avait un moment brillé.

MACÉDOINE. — Depuis que l'or des Perses a payé des armées de Grecs, que des généraux même, ô honte! se sont aussi vendus, les Grecs, à l'exemple de leurs ennemis, ont acheté des soldats. Qui ne comprendrait que le courage négocié comme une denrée sur le marché ne saurait s'élever à la valeur de celui qu'inspire l'amour du pays natal? Trois cents mercenaires fussent-ils morts aux Thermopyles?

En outre, les Grecs, en s'affranchissant des devoirs militaires, avaient perdu les vertus qui en dérivent : Athènes, comme bientôt nous verrons Carthage, ne voulait plus être distraite de ses spectacles, des fêtes de ses dieux et des luttes émouvantes de ses orateurs. Pendant ce temps les Macédoniens, que la Grèce appelait des barbares (ces barbares attiraient chez eux Euripide et Zeuxis), s'initiaient à l'art de la guerre et devenaient de dangereux voisins.

Cette nation se composait de races pélasgiques illyriennes, de Thraces, de quelque peu d'Hellènes. Au neuvième siècle, un Héraclide d'Argos en était devenu roi ; en considération de cette origine, les Grecs admirent désormais les princes de sa lignée aux concours des jeux Olympiques.

Ce n'est guère qu'à l'occasion des guerres médiques que l'on voit s'établir quelques relations entre la Macédoine et la Grèce. Faisant preuve d'une adresse peu commune, le roi Alexandre Ier avait su se concilier également et les Perses et leurs adversaires, et gagner toujours quelque chose au succès des uns ou des autres. Ses descendants agirent avec la même prudence ; ces leçons traditionnelles firent de *Philippe II* un des plus grands hommes d'État.

Il était le plus jeune des trois fils que son père *Amyntas* avait laissés en mourant. L'aîné fut assassiné. Pélopidas étant intervenu en faveur du second contre les entreprises d'un prince macédonien, avait emmené Philippe à Thèbes, où le vertueux Épaminondas fut son instituteur. La riche intelligence de l'élève se nourrit avec fruit des lettres et des sciences de la Grèce. Quand devenu roi (560), il eut à remercier les dieux de la naissance d'un fils, il leur rendit grâce surtout, dit-il, « de l'avoir fait naître du temps d'Amyntas, » et il voulut dès lors confier à cet éminent philosophe l'éducation de son futur successeur.

356. — Les Phocidiens s'emparèrent de quelques terres près de Delphes, consacrées à Apollon ; les Thessaliens, leurs ennemis, feignant de vouloir venger ce sacrilège, prirent les armes ; cette première des deux guerres appelées *guerres sacrées* dura dix ans. Elle fut pour Philippe l'occasion d'étendre sa domination sur la Grèce : il prit parti contre les Phocidiens ; les ayant vaincus, il obtint l'honneur de siéger au tribunal des amphictyons.

Les *Philippiques*, ou harangues virulentes de l'orateur Démosthènes, signalèrent aux Athéniens le but de ces menées ambitieuses et le danger où les exposait leur inertie. De concert avec les Thébains, ils envoyèrent des armées contre Philippe, mais l'élève d'Épaminondas avait mis à profit les leçons de ce savant stratégiste : il n'était point de bataillons qui résistassent à ces *phalanges* macédoniennes si fameuses dans l'histoire de l'art militaire, masses profondes, compactes, présentant à l'ennemi une muraille d'hommes hérissée de piques et d'épées. La Grèce fut vaincue à la bataille de *Chéronée* (538). Deux ans après (536), la glorieuse vie de Philippe fut tranchée par le poignard d'un seigneur macédonien.

ROME. — **343.** — Un peuple issu des Sabelliens, les *Samnites*, avaient conquis la riche Campanie, où ils fondèrent *Capoue*. Les peuples dépossédés demandèrent aux Romains leur alliance. Ceux-ci, après de vains efforts de conciliation, prirent parti contre les Samnites. Cette guerre dura cinquante ans. On la divise en quatre parties. Dans la première (342) et dans la seconde (341), les Samnites sont défaits.

Une trêve est conclue. En 321, une feinte du général ennemi attire les Romains près de *Caudium*, dans un défilé sans issue, divisé à son extrémité en deux voies, comme les branches d'une fourche, d'où cet endroit était appelé *fourches Caudines*. Là, l'armée romaine est contrainte de capituler et de passer sous le *joug*; pour cette ignominieuse cérémonie on fichait en terre deux piques, une troisième, appuyée horizontalement sur

7

leur extrémité, formait une sorte de porte basse sous laquelle les vaincus désarmés devaient tous passer.

Dans la quatrième période, les Romains, commandés par Papirius Cursor, se vengent de cet affront en y soumettant à leur tour les Samnites (290).

MACÉDOINE. — Ce fils de Philippe, dont la naissance fut si fêtée, ALEXANDRE III, n'était âgé que de vingt ans lorsqu'il commença de régner. Mais il avait fait ses preuves trois ans auparavant, étant régent pendant que son père guerroyait contre les Scythes. Par sa mère *Olympias* il descendait d'Achille, et d'Achille il avait le génie héroïque et la bouillante ardeur; comme lui, il jouait de la lyre et de presque tous les instruments. Il savait par cœur les poèmes d'Homère, Pindare l'enthousiasmait. Nul n'était plus agile à la course, plus souple et plus adroit dans tous les exercices du gymnase; mais quand on lui demandait s'il concourrait aux fêtes d'Olympie : «Oui, répondait-il, si pour rivaux j'y devais trouver des rois.» Quand Philippe le vit maîtriser sans peine *Bucéphale*, ce cheval indomptable pour tous, il s'écria : « Cherche un autre royaume, ô mon fils ! Le mien n'est déjà plus assez grand pour toi ! »

Ces talents peuvent sembler superflus pour qui doit gouverner un empire; mais, en outre, Alexandre avait appris d'Aristote les règles de l'éloquence, de la morale et de la politique, les sciences naturelles, la médecine même, qu'il pratiquait quelquefois. Enfin que manquait-il à cet heureux prince, puisqu'il possédait aussi ce que les Grecs estimaient être une faveur toute spéciale des dieux, la beauté?

A la nouvelle de la mort de Philippe, l'ardent Démosthène expédie des émissaires dans toutes les villes de la Grèce pour les exciter à rejeter la domination macédonienne; il négocie la révolte du général qui commandait les troupes récemment envoyées par Philippe en Asie. A l'intérieur, le royaume d'Alexandre est agité par les conspirations des princes de sa famille. Il réprime et punit, puis il conduit en Thessalie une armée formidable et fait reconnaître sa suprématie par les amphictyons. La Grèce stupéfiée le nomme, dans l'assemblée réunie à Corinthe, chef suprême de la guerre contre les Perses.

Alors il passe au nord, pénètre, malgré la résistance des Thraces, jusqu'au delà du Danube, reçoit les ambassades de tous les peuples barbares de ces régions, arrive jusqu'aux Celtes ou Gaulois, voisins de l'Adriatique.

Ceux-ci ne lui rendent point l'hommage qu'il attend d'eux. « Nous ne craignons, disent-ils, que la chute du ciel. » Alexandre fait ses alliés de ces Celtes, dont il estime la fierté. Il soumet ensuite les Illyriens, et après treize jours il arrive devant Thèbes, la somme de se soumettre; elle refuse et combat. Elle est prise et détruite. Les prisonniers sont vendus à l'enchère.

PERSE. — L'empire du grand Cyrus était bien déchu. L'Égypte, révoltée en 461, s'était redonné un roi. Une ligue des satrapes de Phrygie, de Mysie, de Lydie, de Cappadoce avait failli détacher l'Asie Mineure de la Perse; les rois de Tyr et de Sidon soulevaient la Phénicie. *Ochus*, successeur d'Artaxerce, soutint contre tous des guerres coûteuses que les mercenaires ne se pressaient point de terminer. Telle était la situation lorsque vint à régner, en 336, DARIUS CODOMAN, frère d'Artaxerce.

333. — Il est défait par Alexandre au passage du *Granique;* la même année, à la bataille d'*Issus*, il est réduit à fuir, abandonnant, pour plus de célérité, sa robe de pourpre, son arc, même son char, captures du vainqueur. Celui-ci veut ruiner la Perse dans toutes ses possessions ; prend la seconde Tyr, puis *Gaza*; Jérusalem lui ouvre ses portes. Il passe en Égypte, qui le reçoit avec joie ; il y fonde une ville, qu'il nomme *Alexandrie*, puis retourne en Asie, où Darius a rassemblé de nouvelles armées. Ce dernier perd la bataille d'*Arbelles*, se renferme dans Ecbatane, et est assassiné par *Bessus*. Alexandre est maître de l'empire des Perses (330).

Bessus avait pris le titre de roi. Le vainqueur d'Arbelles, en le poursuivant, soumet les Parthes, puis la Bactriane ; là, il met à mort Bessus. La Sogdiane subit son joug, les invincibles Scythes ne peuvent lui résister.

INDE. — 327. — Étant en Sogdiane, Alexandre avait reçu une ambassade de *Taxile*, prince indien, qui lui demandait son secours contre un roi son voisin, Porus. Le roi de Macédoine passe donc l'Indus, trouve au bord de l'Hydaspe, Porus, qu'il fait prisonnier ; mais, acquiesçant à la prière du vaincu, « il le traite en roi, » en lui rendant ses États. Maintenir la rivalité des deux princes était utile à sa politique.

Mais quelle prospérité est durable, quel génie est infaillible, quel conquérant sait triompher de lui-même ! Ses soldats découragés refusent de le suivre jusqu'aux «bornes du monde, dont il voudrait faire celles de

IVᵉ SIÈCLE AV. J.C.

ARISTOTE — EPICVRE

ESCHINE — THVCYDIDE

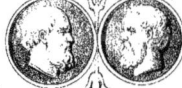

DÉMOSTHÈNE

HERACLITE — DEMOCRITE

PAPYRIVS CVRSOR — ERASISTRATE

DIOGÈNE & ALEXANDRE

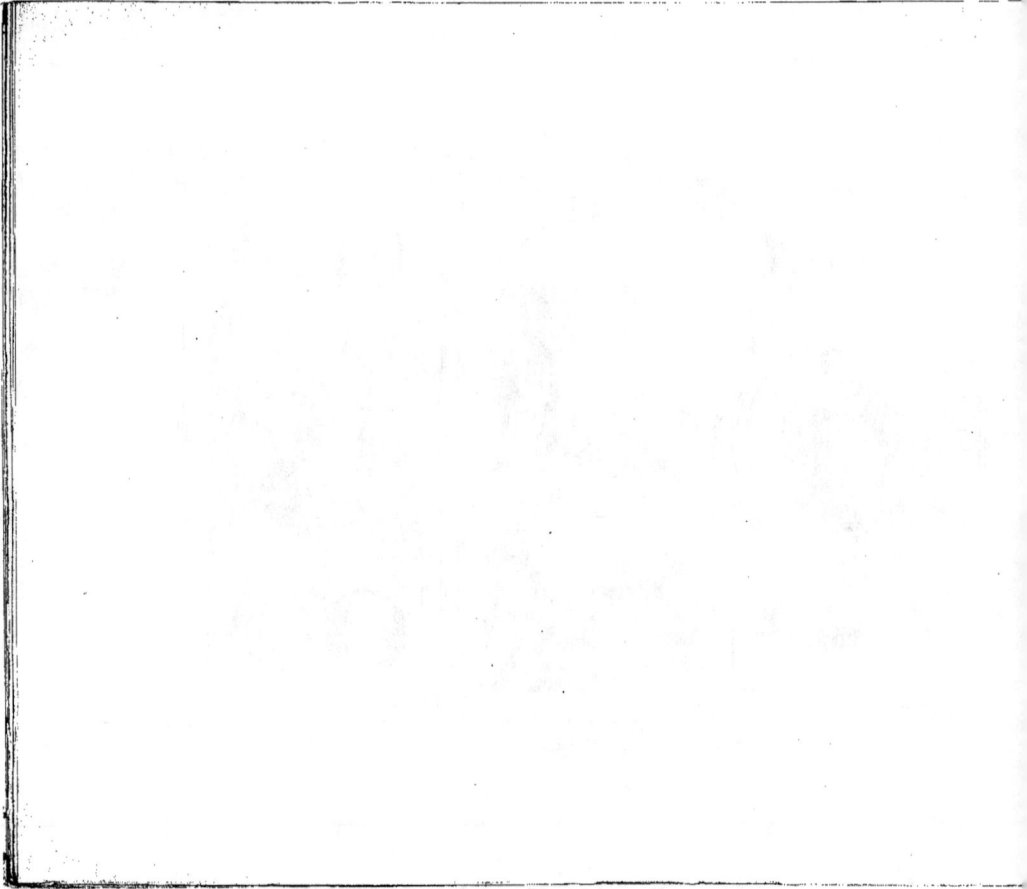

son empire. » Il lui faut reprendre la route de l'Occident au travers de sables brûlants où l'armée souffre tous les tourments de la soif et de la faim. A Ecbatane meurt *Ephestion*, l'ami qu'il chérit; son esprit, affaibli par la douleur, est frappé de circonstances fortuites qui lui semblent autant de sinistres présages. Il arrive à Babylone; pour dominer l'inquiétude qui le tourmente, il s'abandonne à l'ivresse et meurt, à trente-trois aus, des suites de ses excès (525).

De ses alliances avec des Persanes, Alexandre n'avait point de fils que les Macédoniens pussent agréer pour maîtres. Remettant son anneau à Perdiccas, l'un de ses gardes, il avait déclaré « le donner au plus digne. » Quand l'armée dut apprendre la perte de son chef, Perdiccas posa cet anneau sur le trône, qui supportait la couronne et les armes du défunt, le laissant à celui qu'il conviendrait d'élire, selon le vœu de ce dernier. Sa feinte modestie eut le succès qu'il désirait : il fut nommé régent pour un frère d'Alexandre, *Arrhidée*; puis, pour conserver son autorité, il distribua aux généraux l'intendance des provinces conquises. *Ptolémée*, fils de *Lagus*, obtint l'Égypte; *Antigone* eut une partie de l'Asie Mineure; *Lysimaque*, la Thrace; *Antipater*, la Macédoine, qu'il avait gouvernée pendant les guerres précédentes.

Jusqu'en 501, les ligues et les meurtres firent à Alexandre « les sanglantes funérailles » que lui-même avait pressenties.

301. — Perdiccas avait été assassiné. Séleucus, gouverneur de Babylone, se ligua avec Lysimaque, Ptolémée et Cassandre, fils d'Antipater, contre Antigone, qui, secouru par son fils *Démétrius*, surnommé *Poliorcète* ou preneur de villes, vint leur livrer bataille à *Ipsus*, en Phrygie. Antigone fut tué; Démétrius s'enfuit à Éphèse. Un second partage entre Ptolémée, Séleucus, Lysimaque et Cassandre achève de démembrer l'empire d'Alexandre le Grand.

SICILE. — CARTHAGE. — Les colonies grecques de Syracuse, Agrigente, Sélinonte, Catane, étaient toutes, au cinquième siècle, des républiques agitées souvent par des révolutions, d'où surgissaient des ambitieux qui devenaient des tyrans.

Carthage la Phénicienne, fidèle à son origine, fondait des comptoirs sur toutes les plages. Elle avait en Sicile *Lilybée* (Marsala), et tendait à s'emparer de l'île tout entière.

Sous ce Gélon, premier des tyrans de Syracuse, que la Grèce implora contre Xerxès, a lieu la première incursion des Carthaginois. Nommons en passant son successeur *Hiéron* (478), despote intelligent, hôte de Pindare et d'Eschyle. Après *Thrasybule* déposé, la république était restaurée, lorsque la destruction d'Agrigente, en effrayant Syracuse, l'obligea de se donner un nouveau chef. Cette sorte de dictature échut au fils d'un ânier, *Denys*, qui s'était signalé par son audace. Il fit avec les Carthaginois un traité qui lui donnait la souveraineté (405); toutefois il les vainquit souvent pendant les trente-huit ans que dura sa détestable tyrannie. En 545, Syracuse se souleva pour la seconde fois contre son fils *Denys le Jeune*. Les Corinthiens envoyèrent pour pacifier cette ville, qui leur devait son origine, *Timoléon*, homme intègre et résolu. Il rendit la liberté à la Sicile en obligeant tous les tyrans à descendre au rang de citoyen, et la régénéra en appelant pour la repeupler soixante mille colons grecs. Denys, transporté à Corinthe, y vécut de la profession de maître d'école.

Enfin Timoléon vainquit une nombreuse armée carthaginoise, et, sa tâche étant terminée, il se démit de ses pouvoirs et alla mourir dans sa retraite.

317. — Nous retrouvons à Syracuse un nouveau tyran, *Agathocle*, lequel va combattre, en Afrique même, l'ennemi persévérant de la Sicile.

GRÈCE. — La guerre entrave certains travaux d'art, tels que ceux de l'architecture; mais ses émouvantes péripéties exaltent et nourrissent le génie des sculpteurs et des peintres. Le statuaire *Praxitèle* naissait; l'Éphésien *Apelles*, élève de l'école de Sicyone, portait alors la peinture au plus haut degré de perfection que cet art ait atteint dans l'antiquité. Le portrait *d'Alexandre tenant la foudre* fut son plus bel ouvrage.

On raconte que, soigneux de s'éclairer du jugement de la critique, Apelles exposait ses tableaux sur la voie publique, et que, caché derrière un rideau, il recueillait les avis divers. Un cordonnier ayant trouvé à reprendre aux détails d'une sandale, Apelles fit droit à sa remarque. Le lendemain, l'artisan, glorieux de cette déférence, s'avisa de blâmer une autre partie du tableau. Cette fois Apelles, se montrant, lui dit ces paroles proverbiales du fabuliste Phèdre : « Le savetier ne s'élève pas au-dessus de la chaussure. »

Dans les sciences, nous citerons le médecin ÉRASISTRATE, petit-fils d'Aristote.

Après avoir atteint jusqu'au sublime avec Platon, la philosophie s'égare et déchoit. ÉPICURE enseigne que le souverain bien gît uniquement dans les jouissances de l'esprit et du cœur, et que tous les efforts de l'homme doivent tendre à l'obtenir. En physique, il explique tout par le concours de ces infiniment petits fragments de matière que l'on appelle des *atomes*.

DÉMOCRITE, élevé par les mages demeurés en Grèce après Xerxès, poursuit le système des atomes. Selon lui, tout dans la nature est le produit combiné du mouvement et du vide. Il rit sans cesse des folies humaines. En ce sens, on l'oppose à HÉRACLITE, qui toujours déplore l'ingratitude des hommes et leur inconstance. Ce dernier est surnommé l'*obscur*; son système abstrait, en effet, fait de la nature un organisme vivant qui se décompose et se recompose de lui-même incessamment. La Providence est absente de toutes ces spéculations.

Le plus célèbre de ces penseurs chagrins et satiriques est DIOGÈNE. Platon l'a défini : « Socrate en délire. » En effet, c'est par l'excès condamnable des contraires que Diogène prétendait professer ce qui fait l'objet de la saine philosophie : que l'on ne doit rougir que du mal, qu'il faut dompter ses désirs, et mépriser la richesse ; or, Diogène enfreignait les bienséances jusqu'à l'impudence, ce qui lui mérita le surnom de *Cynique* ; sa pauvreté affectée n'inspirait que le dégoût.

Alexandre, étant à Corinthe, eut la curiosité de l'entretenir. La justesse des reparties promptes, concises, piquantes, souvent profondes du philosophe vagabond émerveilla le conquérant jusqu'à souhaiter que « s'il n'était Alexandre il fût Diogène ; » il lui demanda de quel don il lui plairait qu'il le gratifiât. « Retire-toi un peu de ce côté, répondit Diogène ; tu me prives de mon soleil. »

GRÈCE. — 323. — Dès que les Athéniens furent informés de la mort d'Alexandre, ils envoyèrent des députés à toutes les villes grecques pour les engager à former une ligue défensive contre la Macédoine. Démosthènes enflamma par sa parole tous les courages, et décida la prise d'armes qu'on a nommée *guerre Lamiaque*, de Lamia, en Thessalie, où eut lieu la bataille gagnée contre Antipater. Succès éphémère, les Grecs furent défaits peu après sur terre et sur mer. Antipater demanda la tête de Démosthènes. Ce grand patriote se réfugia dans un temple ; des soldats l'y découvrirent. Il les pria de lui laisser le temps d'écrire quelques derniers ordres sur ses tablettes, puis, feignant de se recueillir, il porta son stylet à ses lèvres ; l'instrument était empoisonné ; on ne put capturer qu'un cadavre.

Il est l'exemple de ce que peuvent obtenir de persévérants efforts. En entendant l'avocat *Irée*, surnommé l'*Impétueux*, il s'était senti saisi du génie de l'orateur ; mais, ayant voulu plaider, ses longues phrases, sa voix haletante et sourde avaient provoqué les rires. Dès lors, Démosthènes, pour former son style, étudia sans relâche les écrits de Thucydide ; afin d'acquérir la sonorité qui manquait à son organe et d'assouplir sa prononciation, il s'efforçait de réciter des vers en gravissant une montagne à la course ; ou bien, au bord de la mer, remplissant sa bouche de petits cailloux, il déclamait en dominant de la voix le bruit des vagues. Athènes lui éleva une statue.

L'antagoniste de sa fougueuse éloquence était ISOCRATE, l'apôtre de la paix. Trop timide pour oser prononcer ses plaidoiries en public, il les écrivait, et, dans un style soigneusement châtié, exhortait les Grecs à la conciliation avec Philippe. Toutefois sa mort prouva si l'honneur de sa patrie lui était cher ; ne voulant point survivre à la défaite de Chéronée, il se laissa mourir de faim.

L'orateur ESCHINE, moins probe, envoyé en négociateur près de Philippe, se laissa gagner par ses largesses. Démosthènes l'accusa à la tribune du crime de haute trahison ; Eschine se défendit ; leur lutte oratoire, lutte d'indignation passionnée, leur fournit à tous deux d'admirables inspirations.

REGVLVS — IIIᵉ SIÈCLE AVANT J.C. — FABIVS MAXIMVS

ZAMA
202

SCIPION — CANNES — ANNIBAL

PHILOPŒMEN — EVCLYDE — ARCHIMEDE — MASSINISSA

TROISIÈME SIÈCLE AV. J.-C.

PRÉPONDÉRANCE DE ROME

Démétrius, le preneur de villes, s'empare d'Athènes et soumet toute la Grèce (297). Mais la Macédoine lui est enlevée en 289 par son beau-frère, Pyrrhus, roi d'Épire, amateur déterminé d'exploits aventureux, qui, dès l'âge de quatorze ans, s'était signalé près de lui à la bataille d'Ipsus. Démétrius meurt prisonnier de Séleucus.

282. — Ce dernier défait et tue, en Phrygie, Lysimaque.

281. — Ptolémée Céraunus (le Foudre), fils aîné de Lagus, quittant l'Égypte, où son frère, Ptolémée Philadelphe, lui est préféré, assassine Séleucus et reprend sur lui le trône de Macédoine. En 280, il périt en défendant son royaume contre les Gaulois, qui envahissent ensuite la Thessalie, puis la Grèce; énergiquement repoussés par celle-ci, ces barbares se jettent sur l'Asie Mineure et s'établissent dans une de ses provinces, qui prend d'eux le nom de Galatie.

L'ère brillante des Séleucides, en Syrie, avait inauguré la renaissance du commerce et des arts, anéantis par la domination persane. D'autre part, les Lagides, en Égypte, relevaient le flambeau des sciences et des lettres, que la Grèce laissait s'éteindre dans le désordre des guerres civiles. Des savants de tous les pays, réunis à Alexandrie par Ptolémée Ier Lagus, fondèrent dans cette ville l'école fameuse d'où sortirent, dans les siècles suivants, une multitude d'hommes célèbres : historiens, poëtes, savants, et même des Pères de l'Église. Sous Ptolémée II Philadelphe, cette docte compagnie rassemblait 400,000 manuscrits, fondement de la plus riche bibliothèque qu'ait eue le monde connu alors. Le roi lui-même s'était fait l'élève du géomètre Euclide, dont les traités sont encore étudiés aujourd'hui. Non moins hospitalier en faveur des poëtes, il accueillit Callimaque de Cyrène et le célèbre Syracusain Théocrite.

La Judée, placée avec la Phénicie sous la domination des rois d'Égypte depuis la bataille d'Ipsus, a retrouvé dans les Lagides, ses nouveaux maîtres, des protecteurs de son culte. Par l'ordre de Ptolémée II, les livres sacrés des Hébreux sont traduits en grec, sous la direction de soixante-dix rabbins, d'où cette œuvre est appelée Version des Septante (275).

Ptolémée Évergète (bienfaisant) se fait chérir des Égyptiens; on regrette que la Judée ingrate, en refusant le tribut à ce prince, attire sur elle ses armes. Évergète en même temps enlève la Syrie à Antiochus II.

ROME. — TARENTE. — 282. — Tarente, colonie formée par les Spartiates au huitième siècle, était l'une des plus puissantes villes d'Italie et la capitale de trois provinces : l'Apulie, la Messapie et la Lucanie. Alarmée du voisinage des Romains, vainqueurs des Samnites, elle appela à son aide Pyrrhus. Malgré les représentations de Cynéas, son ministre, ce prince se rend à Tarente avec ses éléphants, objets de terreur pour les Romains, qui nomment ces animaux inconnus des bœufs de Lucanie. Il essaye de corrompre le sage Fabricius, et envoie à Rome Cynéas pour traiter de la paix. L'habile négociateur échoue devant ce fier sénat qui lui paraît « une assemblée de rois. » — « Que Pyrrhus, lui est-il répondu, ait d'abord à quitter l'Italie! » Le roi d'Épire demeure : au combat d'Héraclée, ses bœufs de Lucanie décident la victoire en jetant le désordre parmi l'armée romaine.

279. — Appelé par les Syracusains contre les Carthaginois, Pyrrhus, tour à tour vainqueur et vaincu, se lasse de cette guerre sans issue ; il retourne dans la péninsule, où la *guerre tarentine* s'est rallumée ; mais il perd la bataille de *Bénévent*, et se sauve en Épire ; trouvant le fils de Démétrius, *Antigone Gonatas*, maître de la Macédoine, il le défait et va guerroyer dans le Péloponèse. Les Spartiates repoussent ses attaques. Il périt au siège d'Argos, du choc d'une tuile lancée par une femme (272).

ROME. — CARTHAGE. — 265. — Rome était maîtresse de toute l'Italie la Gaule cisalpine exceptée. Les armées de mercenaires, recrutées par le tyran Agathocle parmi les *Mamertins*, s'emparèrent pour leur propre compte de Messine. Hiéron II, pour en délivrer la Sicile, fit alliance avec les Carthaginois. Ainsi pressés, les Mamertins demandèrent du secours aux Romains. Telle fut la cause de la *première des guerres puniques* (264), appelées ainsi du latin *pœni*, qui signifie phénicien.

260. — La force de Carthage réside dans sa marine. Cette supériorité stimule le génie des Romains : en deux mois cent vingt vaisseaux sont à flot. L'amiral Duilius Nepos les arme de grappins de bronze ; il accroche avec ces puissants engins les navires ennemis, et, dans cet art nouveau pour les Romains, remporte la première bataille navale.

259. — Le consul *Lucius Scipio* chasse les Carthaginois de la Corse et de la Sardaigne, leurs colonies.

254. — *Régulus* va les combattre en Afrique, prend *Tunis* et s'avance jusqu'aux portes de Carthage ; mais il est battu et pris par les troupes mercenaires que commande le Spartiate *Xanthippe*. Les Romains triomphent en Sicile ; *Metellus* remporte la victoire près de Panorme (Palerme).

250. — Ces succès déterminent Carthage à demander la paix. Elle rend à son captif Régulus une liberté provisoire, et l'envoie à Rome traiter de l'échange des prisonniers. L'honneur de son pays est à Régulus plus cher que la vie. Il dissuade le sénat de souscrire à ses propositions, et, s'arrachant aux embrassements de sa famille, il retourne à Carthage, où il périt, assure-t-on, dans d'horribles supplices.

241. — Le succès du combat naval obtenu par *Lutatius* sur l'amiral carthaginois Amilcar Barca met fin à cette guerre, qui a duré vingt-trois ans. La Sicile est province romaine.

GRÈCE. — C'est au sein d'un peuple pauvre et jusqu'alors inactif que la liberté et l'honneur de la Grèce trouveront leur dernier appui. Ce sont les Achéens qui, naguère chassés de la Laconie par les Doriens, se sont fixés au nord du Péloponèse. Douze de leurs villes étaient depuis longtemps unies par une confédération ; mais les généraux d'Alexandre leur avaient imposé des tyrans et des garnisons étrangères. Aratus de Sicyone, qui venait de délivrer sa patrie du joug de Nicoclès (250), fut choisi pour chef par la *ligue Achéenne*. Il entreprit d'y incorporer toutes les villes de la Grèce ; la résistance de Sparte fit échouer ce vaste plan. Sparte n'était plus qu'une cité molle et oisive, peuplée uniquement de misérables et d'opulents. L'un de ses rois, *Agis III*, entreprit de la ramener à l'austérité vigoureuse de Lycurgue ; *Léonidas*, son collègue, soutint le parti des délicats : celui-ci domina ; Agis fut étranglé.

Le fils de Léonidas, *Cléomène*, voulut rétablir la prépondérance de Sparte, mais par les armes ; il déclara la guerre à la ligue achéenne. Aratus invoqua l'appui d'*Antigone Doson*, frère de Gonatas. Les invincibles phalanges macédoniennes repoussèrent Cléomène ; un jeune Arcadien, Philopœmen, par une heureuse désobéissance à l'ordre de ses chefs, rompit les lignes spartiates. Cléomène se réfugia en Égypte auprès de Ptolémée III Évergète. Le fils de celui-ci, *Ptolémée IV Philopator*, crut aux accusations qui attribuaient au réfugié une tentative sur la colonie grecque de Cyrène et fit mettre en croix le malheureux Cléomène. Aratus mourut peu après, empoisonné par Philippe III de Macédoine, neveu d'Antigone Doson. Philopœmen fut élu stratège de la ligue achéenne.

Au sud de la Thessalie, les *Étoliens*, montagnards belliqueux et pillards, avaient su jusqu'à lors demeurer indépendants. Leurs villes et leurs peuplades confédérées avaient une assemblée commune et un magistrat stratège. Profitant des désordres qui résultèrent du partage de l'empire d'Alexandre, ils espéraient s'agrandir. La *ligue Étolienne* s'allia à Sparte contre la ligue achéenne.

ROME. — 229-222. — L'Adriatique était infestée de pirates illyriens ; les Romains envoyèrent deux cents vaisseaux sur les côtes ; ils obtinrent la cession d'une grande partie de cette province. Les Gaulois cisalpins, inquiets de ces progrès, voulurent les arrêter ; Cornélius Scipion leur prit Milan. *Marcellus* se transporta dans la *Gaule transpadane* (au delà du Pô), y triompha des *Gaulois Insubres* et tua leur roi *Viridumar*.

ROME. — CARTHAGE. — 211. — Le gouvernement soupçonneux et féroce de Carthage, mal servi au dehors par les mercenaires, était haï au dedans; l'amour que les soldats portaient à Amilcar l'offusquait. Il envoya le glorieux général à la conquête de l'Espagne. Amilcar dompta un grand nombre de peuples, et périt dans une bataille contre les Lusitaniens. Son gendre, *Asdrubal*, continua la campagne, fonda *Carthagène*; tué par un esclave gaulois, il fut remplacé par le fils d'Amilcar, ANNIBAL.

Le jeune général avait alors vingt-cinq ans; lorsqu'il était enfant, son père lui avait fait jurer haine aux Romains. Il assiège *Sagonte*, que soutenaient ces derniers, et la rase (219); cet exploit, entrepris sans l'ordre de Carthage, oblige les Romains à commencer la *seconde guerre punique*. Annibal laisse son frère, Asdrubal, en Espagne, et, prenant soixante-dix mille soldats d'élite, passe l'Èbre, fonde *Barcelone*, franchit les Pyrénées, parvient au Rhône à travers cent peuplades ennemies, traverse les neiges des Alpes avec ses éléphants, grossit son armée des Gaulois cisalpins, bat *Publius Scipion* sur le Tésin, *Sempronius* sur la *Trébie* (218); franchissant l'Apennin, les marais de Clusium, où l'humidité des nuits lui cause la perte d'un œil, il bat *Flaminius* au lac de *Trasimène* (217), et peu après malgré les lenteurs prudemment calculées du dictateur FABIUS MAXIMUS, force *Varron* à accepter le combat à CANNES, village de l'Apulie, où les Romains perdent le consul *Paul Émile*, quatre-vingts sénateurs, cinquante mille citoyens et un si grand nombre de chevaliers, qu'Annibal envoya à Carthage trois boisseaux de leurs anneaux (215).

« Laisse-moi prendre les devants, et dans cinq jours tu souperas au Capitole.» Annibal eût sans doute accepté cette offre de l'un de ses officiers, s'il avait eu une armée carthaginoise; mais on ne pouvait attendre de mercenaires qu'ils sacrifiassent le repos gagné par une victoire. Annibal, pour réparer ses pertes, attire dans son parti le roi de Syracuse et Philippe III, et va se reposer à *Capoue* (215).

Rome lance huit armées à la fois, en Gaule, en Espagne, en Macédoine en Italie. Marcellus bat Annibal à *Nole* (214), et s'empare de Syracuse; le consul *Lævinus* force Philippe III à brûler sa flotte.

Prendre Syracuse pouvait sembler une folle entreprise : des machines nouvelles, inventées par le géomètre ARCHIMÈDE, défendaient l'accès de ses murailles et de son port. Les unes lançaient au loin des blocs de roches,

les autres, semblables à des mains de fer, saisissaient les vaisseaux ennemis, les enlevaient et les laissaient retomber dans la mer, au fond de laquelle ils allaient se briser; des miroirs ardents, habilement disposés, allumaient l'incendie dans les navires au large. Quand la ville fut investie, Marcellus donna l'ordre d'épargner Archimède; le savant, absorbé dans la solution d'un problème, tarda à suivre le soldat qui devait protéger sa retraite; cet homme le tua.

210. — Malgré l'opposition de Fabius Maximus, le sage *Temporiseur*, le jeune Scipion, fils de Cornélius, part pour l'Espagne, où son père et son oncle ont récemment trouvé la mort au milieu de leurs triomphes. Il prend Carthagène et passe en Afrique, s'allie aux ennemis des Carthaginois, *Syphax* et *Massinissa*, roi de Numidie, et défait l'armée commandée par *Hannon* (205). Maître d'*Utique* et de *Tunis*, Scipion se présente aux portes de Carthage.

202. — Le vainqueur de Cannes attendait vainement, dans les loisirs de Capoue le renfort de troupes demandé à sa patrie, et celles que son frère Asdrubal devait lui amener d'Espagne. La tête de ce dernier, jetée dans son camp, lui révèle la défaite du malheureux (207). Rappelé par Carthage, que menace Scipion, Annibal quitte l'Italie, et vient perdre la fameuse bataille de *Zama*.

La belle *Sophonisbe*, fille d'Asdrubal, recherchée par Syphax, était fiancée à Massinissa; elle avait ensuite été accordée par le chef carthaginois au premier de ces princes, afin de le détacher de la cause des Romains que, pour se venger de sa déconvenue, il avait embrassée.

Cette rivalité fit des deux rois numides des ennemis acharnés; pour satisfaire, sur les champs de bataille, leur haine personnelle, ils passaient alternativement de l'alliance des Romains à celle de Carthage.

Parmi les humiliantes conditions imposées à celle-ci après sa défaite à Zama, elle dut rétablir dans les États de Syphax, Massinissa, dont la cavalerie avait puissamment contribué au gain de la bataille. Ce prince recouvra Sophonisbe. Dans la crainte qu'elle ne fût livrée aux Romains comme gage de sa fidélité d'allié, il obligea la malheureuse princesse à prendre un breuvage empoisonné. Syphax, fait prisonnier, dut orner le triomphe de Scipion décoré du surnom de l'AFRICAIN. Cette seconde guerre avait duré dix-sept ans.

DEUXIÈME SIÈCLE AV. J.-C.

DESTRUCTION DE CARTHAGE

Rétrogradant un instant dans le siècle précédent, nous voyons Philippe III s'attirer de nouveau l'inimitié des Romains en s'alliant contre eux à Antiochus III le Grand. Il attaque leurs alliés : *Attale*, roi de *Pergame*, Rhodes, et l'Attique (204). Le sénat décrète la guerre en Macédoine : « Athènes, dit-il aux centuries qui s'opposent à ces renaissants sacrifices, Athènes sera une nouvelle Sagonte et Philippe un autre Annibal. »

ROME. — GRÈCE. — 197. — Le jeune consul *Flamininus* est chargé de l'expédition. Une première victoire lui ouvre l'entrée de la Thessalie, il établit ses quartiers d'hiver dans la Grèce centrale ; il est persuasif, adroit, il s'exprime en grec avec autant de facilité que d'élégance ; par ce prestige il agit, sur les députés de la ligue Achéenne et de la Béotie ; et parvient par des promesses à détacher les Étoliens de l'alliance de Philippe ; il gagne avec eux contre lui la bataille décisive de *Cynoscéphales*. Le roi de Macédoine devra retirer ses garnisons de toutes les villes qu'elles occupaient en Grèce, et livrer en otage aux Romains son fils aîné *Démétrius*.

Flamininus se rend à Corinthe, où se célèbrent alors les jeux Isthmiques, il y fait proclamer ce décret du sénat romain : « Tous les Grecs d'Europe et d'Asie sont libres. » A ces mots, des clameurs de joie éclatent si bruyamment, que les oiseaux, dit-on, tombent morts dans le stade. Mais, selon l'expression des Étoliens, « Rome mettait au cou des Grecs les fers qu'elle ôtait de leurs pieds. » Bientôt, en effet, Flamininus traite avec *Nabis*, le tyran de Sparte, et laisse subsister cet ennemi des

Achéens, afin que les forces de ces derniers s'épuisent dans la lutte.

192. — Les Étoliens avaient, espéré ce prix avantageux de leur défection ; trompés dans leur attente, ces transfuges de toutes les causes offrirent à Antiochus III de lui livrer la Grèce dès qu'il s'y montrerait : « Donnez-moi dix mille hommes et cent vaisseaux, disait Annibal à ce prince, et je soulève l'Italie et le monde. » Antiochus hésita ; il laissa aux légions romaines le temps de le précéder en Thessalie ; il fut défait aux Thermopyles. Poursuivi en Asie par *Lucius Scipion*, frère de l'Africain, il fut battu à *Magnésie*. Le vainqueur prit le nom d'*Asiatique* (189). On reprit la guerre contre les infidèles Étoliens ; vaincus à leur tour, ils devinrent sujets romains.

183. — Le feu du patriotisme qui remplit l'âme de Philopœmen ranime un instant la Grèce mourante. Ce grand homme, nommé le *dernier des Grecs*, bat *Nabis*, allié de Philippe III, entre en vainqueur à Sparte, force cette ville à s'unir à la ligue achéenne, mais en combattant contre les Messéniens qui, à l'instigation des Romains, l'ont abandonnée, il tombe de cheval, et est pris par *Dinocrate*, qui le fait empoisonner.

Dans le même temps, mourut Annibal. Carthage l'avait élevé à la dignité de *suffète ; dans les fonctions de cette magistrature suprême, il rendait encore de grands services à sa patrie. Sa haine, on l'a vu, poursuivait toujours les Romains ; ceux-ci ayant vaincu Antiochus, exigèrent de ce prince qu'il leur livrât Annibal. Le grand homme se réfugia en Bithynie, près du roi *Prusias* ; là, la trahison le menaçait encore ; il y échappa en s'empoisonnant.

IIᵉ SIÈCLE AVANT J.C.

TIBERIVS ET CAIVS GRACCVS

MORT D'ÉLÉAZAR

Martyr des Machabées

TRIOMPHE DE PAVL ÉMILE

JVGVRTHA PRISONNIER

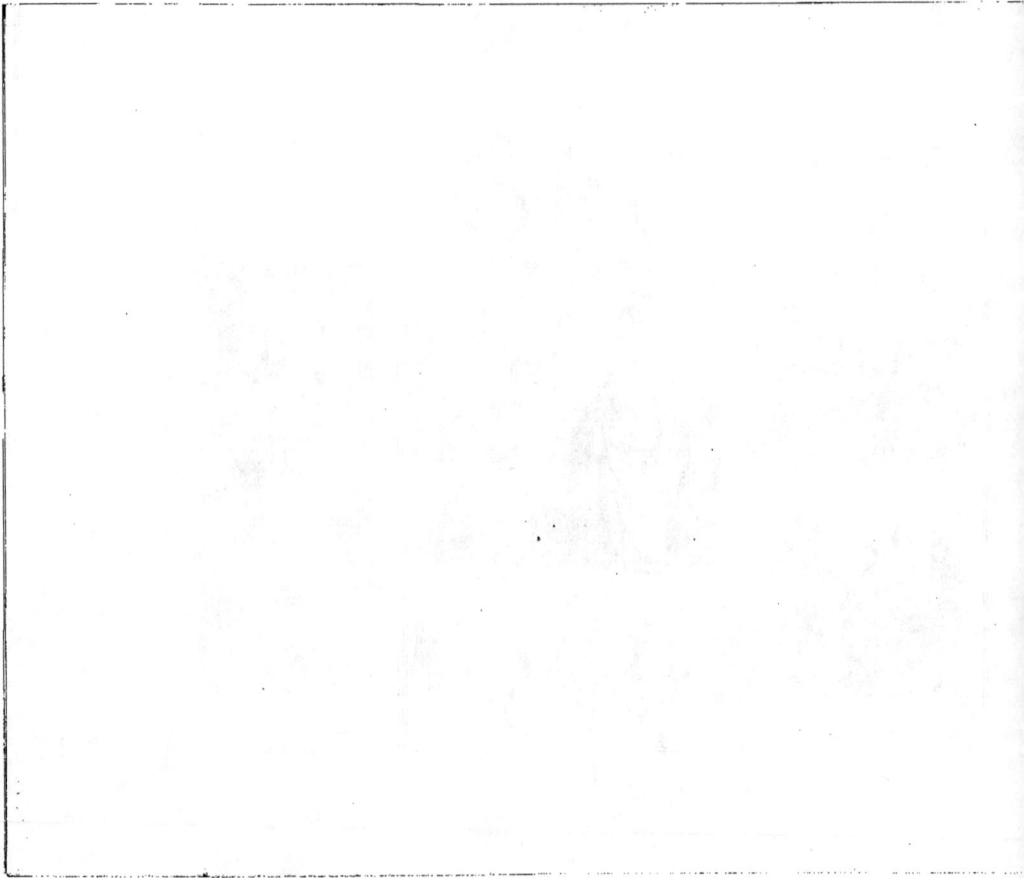

61

Philippe III se faisait lire chaque jour son traité avec Rome pour nourrir son ressentiment contre elle. Il s'alliait aux Thraces et aux barbares des rives du Danube, afin de les lancer, les uns sur l'Italie, les autres sur la Grèce. Il mourut. *Persée*, son second fils, reprit les projets de son père contre Rome. Il s'allia avec le roi d'Illyrie, *Gentius*, et la guerre eut lieu. Les premiers succès de Persée déterminèrent ses adversaires à envoyer contre lui Paul Émile, fils du consul de même nom, tué à Cannes. C'était un rude guerrier; ses légions, formées à une rigoureuse discipline, rompirent la phalange macédonienne, qui resta tout entière sur le champ de bataille à *Pydna* (168).

JUDÉE. — 170. — Ce pays ballotté présentement par le flot des révolutions, de la domination de l'Égypte à celle de la Syrie, jouissait néanmoins d'un repos relatif : les conquérants respectaient son culte, le gouvernement de ses grands prêtres remplaçait celui de ses rois. Ces libertés lui furent enlevées par *Antiochus IV, Épiphane* (l'Illustre), successeur d'Antiochus le Grand. Ce prince, contraint par les Romains de renoncer à la conquête de l'Égypte, qu'il avait entreprise, tourna ses armes contre la Judée ; fit placer dans le temple de Jérusalem la statue de Jupiter Olympien et voulut obliger les Juifs à sacrifier à ce dieu. Un grand nombre préférèrent la mort à cette apostasie et furent impitoyablement massacrés. Parmi ces précurseurs des martyrs, on vit sept jeunes frères et leur mère souffrir avec une inébranlable constance les plus affreuses tortures.

166. « En ces jours-là, *Mathathias*, prêtre, de la famille des *Asmonéens*, « cria à haute voix : Que celui qui a le zèle de la loi me suive ! Et il s'en-« fuit, lui et ses fils, sur les montagnes. Alors les plus vaillants d'Israël « se joignirent à eux. Mathathias étant mort, Judas, surnommé Macchabée « (marteau), se leva après lui. Et ses frères, *Jean Simon, Éléazar et Jo-« nathas*, l'aidaient, et ils combattaient pour la défense d'Israël. »

Judas, « semblable à un lion qui rugit à l'aspect de sa proie », chassa les Syriens de toutes les villes de Juda. L'armée syrienne avait un grand nombre d'éléphants, chargés de tours qui contenaient chacune trente-deux combattants. « Éléazar, voyant un de ces élé-« phants couvert des ornements royaux, crut que le roi était porté « par cet animal, et il se sacrifia pour son peuple : il courut hardi-« ment au milieu de la légion, tuant à droite et à gauche ; il vint sous

« l'éléphant et le tua ; le colosse tomba sur lui et Éléazar mourut là. » Judas s'allia aux Romains et conclut la paix; mais les hostilités furent reprises par les successeurs d'Antiochus Épiphane. L'héroïque champion de la liberté juive succomba ; après lui Jonathas continua son œuvre ; Simon expulsa les Syriens qui avaient investi Jérusalem. Il reçut des Juifs le double titre de *prince* et de *grand sacrificateur*, transmissible à ses descendants (144). Jean Hyrcan, son fils, lui succéda en 136. En 107, le fratricide *Aristobule Ier* prit le titre de *roi* sans cesser d'être pontife. En 106, *Alexandre Jannée*, son frère, lui succéda et régna en tyran.

GRÈCE. — ROME. — 146. — Comme l'avait prévu l'adroit Flamininus, la querelle entre Sparte et les Achéens se ranima bientôt. Les Romains intervinrent ; la ligue osa tourner ses armes contre eux ; elle fut vaincue par Metellus. Alors, elle enrôla jusqu'aux esclaves, et attendit à l'entrée de l'isthme de Corinthe l'arrivée du consul Mummius. Les Grecs avaient placé, sur les hauteurs, leurs femmes et leurs enfants, afin que ces chers témoins les vissent vaincre ou mourir. Ils moururent. La ligue achéenne était désormais dissoute ; la Grèce ne fut plus qu'une province romaine qu'on appela l'Achaïe.

Déjà Paul Émile avait enlevé à la Grèce tant d'objets d'art et de trésors, que le cortège des chars remplis de ce butin avait prolongé pendant trois jours la cérémonie de son triomphe. Mummius infligea le pillage à Corinthe. Sa patrie dut à cette rude application des lois de la guerre de posséder d'autres chefs-d'œuvre non moins précieux. L'incendie qui consumait la malheureuse cité dura si longtemps, qu'il se fit des divers métaux qu'elle contenait une fusion qu'on appela l'airain de Corinthe.

ROME. — CARTHAGE. — 149. Massinissa, abusant des avantages que lui avait assurés le traité établi par Scipion après Zama, enlevait aux Carthaginois des provinces entières. Ils en appelèrent aux Romains, qui leur envoyèrent *Caton le Censeur* comme arbitre. Il parut au parcimonieux intendant des finances de Rome que la république africaine s'était trop bien relevée de ses pertes pour ne pas redevenir une ennemie. « Il faut détruire Carthage ! » devint dès lors la conclusion de tous ses discours.

Elle lui fournit bientôt l'occasion qu'il souhaitait en attaquant Massinissa. Une armée romaine débarqua en Afrique. Les consuls exigèrent des Carthaginois la remise de leurs armes et de leurs machines de guerre;

8

ils se soumirent. « Maintenant, ajoute-t-on, vous abandonnerez votre ville, et vous irez vous établir à dix milles plus loin. » Alors l'indignation produisit la révolte ; nuit et jour on forgea de nouvelles armes, les femmes donnèrent leurs cheveux pour tresser des cordages, on enrôla les esclaves et l'on parvint à réunir soixante-dix mille hommes. Le tribun *Scipion Émilien*, fils de Paul Émile, adopté par l'Africain, fut revêtu du consulat et investi de la direction de cette *troisième guerre punique* (149). Pour ravir à Carthage les moyens de s'approvisionner, il ferma l'entrée du port par une digue immense. Les assiégés creusèrent dans le roc une sortie vers la haute mer, construisirent une flotte avec les débris de leurs maisons et faillirent surprendre les galères romaines ; Scipion les repoussa, puis, laissant la faim faire son œuvre, il s'en alla guerroyer ailleurs. Quelques mois après il revint, rompit la digue, et entra dans la ville. Les malheureux Carthaginois, bien qu'exténués, trouvèrent assez d'énergie dans leur désespoir pour disputer aux Romains de maison en maison, pendant six jours et six nuits, l'accès de *Byrsa*, leur citadelle. Pourtant il leur fallut se rendre. On dit qu'à la vue de ces ruines fumantes, Scipion, seul et pensant à sa patrie, murmura ce vers d'Homère : « Un jour aussi verra tomber Troie, Priam, et son peuple invincible. » Le territoire de Carthage devint province romaine (146).

ROME. — ESPAGNE. — 140-133. — *Viriathe*, le pâtre lusitanien, disputait aux Romains depuis onze ans la possession de l'Espagne, aux mines d'or et d'argent ; ils le font assassiner. Tous ses braves se concentrent alors vers *Numance*, la « seconde terreur des Romains. » Scipion Émilien investit cette ville ; la famine est son auxiliaire adopté. Poussés par leurs souffrances, les Numantins demandent à Scipion la bataille ; il ne quitte point son camp, les assiégés sont réduits à s'entr'égorger. L'Espagne est soumise, à l'exception toutefois des indomptables montagnards du Nord : Astures, Cantabres et Vascons (133).

Ce que nous avons remarqué dans l'histoire de la Grèce se répète dans celle de Rome : ses relations en Orient, les incalculables richesses que lui rapportaient ses conquêtes, amollissaient les mœurs des Romains ; leur foi religieuse, discutée par les philosophes, s'était éteinte, ils bafouaient leurs dieux, et ne les craignant plus, ils s'affranchissaient des règles naturelles de la justice. « Le monde vaincu, écrivait plus tard le satirique Juvénal, s'est vengé en nous donnant ses vices. »

Pendant les guerres, profitant des préoccupations des gouvernants, les grands s'étaient approprié les domaines de l'État, et même les petits héritages des plébéiens absents. L'esclavage était une calamité. Les riches, ayant un grand nombre de ces serviteurs dont ils ne payaient point le travail, les faisaient cultiver leurs terres, organisaient des ateliers d'esclaves pour tous les métiers, avaient même parmi eux des artistes, des médecins, des précepteurs pour leurs enfants ; conséquemment, les hommes libres, en rentrant dans leurs foyers, ne trouvaient plus à s'employer pour gagner leur vie. Déjà plusieurs révoltes des esclaves avaient effrayé l'Italie. La guerre civile était imminente.

Deux jeunes gens grandissaient alors ; on les appelait LES GRACQUES, du nom de leur père Gracchus, qui s'était signalé dans l'expédition d'Espagne. Leur mère *Cornélie*, fille de Scipion l'Africain, déjà veuve lorsqu'ils étaient encore enfants, les faisait élever sous ses yeux par les plus habiles maîtres de la Grèce, qui les formaient à l'éloquence, en même temps qu'elle-même s'appliquait à élever leur âme aux grandes vertus, afin de les rendre dignes du nom de leur aïeul.

133. — L'aîné, *Tibérius*, prit une part honorable à la guerre contre Numance. Quand il revint dans sa patrie, l'aspect des campagnes d'Étrurie, occupées par des laboureurs et des pâtres esclaves, de Rome encombrée d'une multitude misérable et oisive, frappa son esprit actif ; nommé tribun, il proposa cette nouvelle loi agraire : « Que personne ne possède plus de 500 arpents de terre conquise, que chacun ait sur ses terres un certain nombre d'ouvriers libres. » « Eh quoi ! s'écriait le jeune et ardent tribun, ceux qui versent leur sang pour l'Italie ne possèdent que l'air qu'ils respirent ! on les appelle les maîtres du monde et ils n'ont pas en propriété une motte de terre ! » Les comices, entraînés par sa chaleureuse plaidoirie, votèrent la loi. Mais la difficulté fut grande de tenir ce qu'elle promettait, de faire une distribution exacte de ces domaines usurpés depuis des siècles. L'impatience des pauvres se tourna en haine contre Tibérius ; les nobles l'accusèrent près du sénat d'aspirer à la royauté ; surpris par une multitude armée, il fut tué et, avec lui, trois cents de ses partisans.

Ce sort n'effraya point Caïus, le second des Gracques ; allant plus loin encore que son frère dans la voie des réformes, il prétendit changer, en favour des plébéiens, toute la constitution romaine. Sa tête fut mise à prix, il se fit tuer, dit-on, par son esclave.

124. — Marseille était en bons rapports avec les Romains. Ses vaisseaux faisaient leurs transports pour l'Espagne. Par son imprudence, elle leur procura l'occasion d'acquérir la route de terre qui leur manquait. Ses colonies couvraient le littoral depuis le Var jusqu'aux Pyrénées ; les tribus gauloises qu'elle avait dépossédées l'attaquèrent ; les Romains, sollicités par elle, les chassèrent une première fois, mais après le succès d'une seconde expédition, ils gardèrent pour eux le territoire reconquis entre le Rhône et les Alpes, et s'en firent une province (Provence), où le consul Sextius fonda une ville qu'il nomma *Aquæ Sextiæ* (Aix).

121-118. — Ayant victorieusement repoussé les Allobroges (Savoie et Dauphiné), ils franchissaient l'Isère, lorsque le roi des *Arvernes* (Auvergne), jetant derrière eux deux cent mille Gaulois, les obliges à faire volte-face. Le barbare, monté sur son char d'argent, et entouré de sa meute de combat, considérait avec mépris les légions romaines : « Il n'y en a pas là, dit-il, pour un repas de mes chiens. » La discipline, et surtout les éléphants des Romains, vainquirent cette multitude désordonnée. Les années suivantes, les consuls passèrent le Rhône et étendirent leurs conquêtes jusqu'aux Pyrénées. Ils bâtirent *Narbo* (Narbonne), d'où cette partie de territoire fut appelée Province ou *Gaule narbonnaise*.

ROME. — AFRIQUE. — 111-106. — *Micipsa*, fils de Massinissa, avait partagé son royaume entre ses deux fils *Adherbal* et *Hiempsal*, et son neveu *Jugurtha*. Celui-ci fit égorger Hiempsal ; il assiégea dans *Cirtha* (Constantine) Adherbal ; ce prince se rendit, et malgré la protection des Romains, qu'il avait implorée, fut condamné par Jugurtha à périr dans les supplices.

Rome devait châtier ce mépris audacieux de son intervention. Elle envoya en Afrique un consul ; ce cupide, tenté par l'or du roi numide, lui vendit la paix. Jugurtha fut cité par un tribun devant le sénat ; il comparut. Comme on le sommait de se justifier du grand crime, un autre tribun qu'il avait aussi gagné lui défendit de parler ; il ne put être condamné. Mais en ce même moment, il faisait assassiner dans la ville un de ses parents, auquel le peuple voulait donner son trône ; aussitôt le sénat lui intima l'ordre de sortir de Rome. En s'éloignant, il s'écria : « Ville à vendre !

tu subiras bientôt la servitude, s'il se trouvait un homme assez riche pour t'acheter ! » Un nouveau consul et une armée suivirent ses pas en Numidie ; le consul se vendit, les légions, mal disciplinées, furent vaincues et passèrent sous le joug. Elles furent remplacées par celles de l'intègre et sévère Metellus ; il avait pour lieutenant Marius.

Celui-ci était un paysan d'Arpinum. Soldat illettré, mais intelligent et brave, il avait attiré par sa conduite, au siège de Numance, l'attention de Scipion. Aidé par les Metellus, protecteurs de sa famille, il s'était élevé au tribunal. Aussi sévère que son noble patron, il se faisait aimer davantage des soldats par sa condescendance à partager leurs privations et à les aider aux corvées. Il prétendit au consulat, alla s'offrir à Rome comme candidat, et réussit à supplanter son bienfaiteur.

Jusqu'alors les armées romaines se recrutaient exclusivement d'hommes qui, possédant quelque bien, étaient intéressés à défendre le territoire. Marius admit sous ses drapeaux les plus infimes citoyens, et la population italienne issue de toutes les nations vaincues.

Marius, de retour en Numidie, n'eut qu'à terminer la guerre conduite avec succès par Metellus. Il poursuivit Jugurtha en *Mauritanie*, où, réuni à *Bocchus*, son beau-père, le roi numide perdit une grande bataille. Bocchus demanda la paix, et l'obtint en livrant son gendre. Jugurtha orna le triomphe de Marius à Rome, puis il fut jeté dans un cachot où on le laissa mourir de faim (106).

Trois cent mille *Cimbres* et *Teutons*, abandonnant à la mer Baltique les rivages qu'elle envahissait, avaient, dès l'an 113, traversé le Danube ; dévastant le Norique, la Pannonie, l'Illyrie, l'Helvétie, ils arrivèrent sur les bords du Rhône en 110, et jusqu'en 107 défirent successivement six armées romaines ; de là ils passèrent en Espagne et y demeurèrent trois ans. Ensuite, dirigeant leur migration vers l'Italie, ces deux peuples se séparèrent : les Cimbres retournèrent en Helvétie pour descendre en Italie par le Tyrol et la vallée de l'Adige ; les Teutons s'avançaient par la Narbonnaise : ils y trouvèrent Marius qui les attendait. Il les extermina près d'Aix, en 102. L'armée romaine, qui devait défendre contre les Cimbres le passage des Alpes, cédant à l'effroi qu'ils inspiraient, recula devant eux jusqu'à sur l'autre rive du Pô. Marius, appelé en toute hâte par le sénat, défit les barbares dans la plaine de Verceil (101).

PREMIER SIÈCLE AV. J.-C.

TOUTE-PUISSANCE DE ROME

E n voyant les Romains subjuguer successivement tous les peuples italiens, Étrusques, Ombriens, Latins, Sabins, Gaulois même, et ceux de la Grande-Grèce, la pensée qui se présente naturellement à l'esprit est qu'ils durent imposer à tous leurs lois afin de faire de ces diverses provinces un État unique. Telle ne fut pas leur politique : au contraire, ils imposèrent aux uns certaines servitudes, accordèrent aux autres certains droits, firent de ceux-ci des sujets, de ceux-là des alliés, afin que cette rivalité les maintînt désunis et sans force contre Rome.

Nous savons qu'elle possédait la Gaule méridionale, une portion de l'Afrique, la majeure partie de l'Espagne avec la Lusitanie; l'Égypte était sous sa tutelle, les Juifs dans son alliance. En Asie, elle dominait jusqu'au mont Taurus. A la vérité, il fallait en excepter quelques provinces, débris de l'empire perse, érigés en royaumes par des satrapes. Tels étaient la Cappadoce, l'Arménie, la Parthie avec la Médie, l'Ibérie et le Pont. Mais Rome laissait vivre ces chétives souverainetés, sûre de les étouffer dès qu'elle le voudrait, enclavées qu'elles étaient dans ses possessions.

91. — Quand elle n'eut plus besoin de grandes armées, elle traita sans égard tous ses alliés et tributaires italiens. Dès lors on vit ceux-ci prendre part aux troubles qui éclatèrent dans Rome au temps des Gracques, puis à l'époque présente, revendiquer hautement le titre et le droit de citoyens romains que leur avait promis Marius en les admettant dans ses légions; ils furent poursuivis et punis avec rigueur; alors huit peuples se liguèrent, organisèrent un gouvernement républicain, et déclarèrent à Rome la *guerre dite sociale*.

Marius reçut le commandement d'un corps d'armée; mais il n'osait combattre ceux-là mêmes qu'il avait émancipés; il se tint à l'écart, prétextant ses infirmités. Ce fut à son questeur Sylla que revint l'honneur des premiers succès de Rome dans cette campagne. Il réunissait à une valeur éprouvée tous les avantages qui manquaient au paysan d'Arpinum : éducation, savoir, éloquence, aïeux illustres. Il soutenait le parti de la noblesse, Marius s'était fait le champion du peuple : ces deux hommes se haïssaient.

98. — Bien que le sénat eût éloigné les dangers immédiats de la guerre sociale par quelques sages concessions, les hostilités continuaient en Campanie; néanmoins Sylla reçut, avec le titre de consul, la mission de faire la guerre à Mithridate, roi de Pont, grand capitaine, ennemi juré des Romains. Aidé par son gendre *Tigrane*, roi d'Arménie, ce prince avait soudainement conquis presque toute l'Asie Mineure.

Marius, jaloux, se fit proclamer chef de cette expédition par des bandes armées qui poursuivirent Sylla et menacèrent sa vie. Alors celui-ci alla chercher son armée en Campanie et, rentrant avec elle dans Rome, il en chassa Marius, dont il mit la tête à prix. Le vieillard fugitif fut découvert dans les roseaux du marais de *Minturnes*, mais il ne se trouva personne qui voulût livrer le vainqueur des Teutons et des Cimbres. Un Gaulois, pourtant, leva sur lui son épée... En reconnaissant le proscrit, il jeta loin cette arme et s'enfuit en s'écriant : « Je ne puis tuer Marius ! » Celui-ci put gagner l'Afrique et débarquer près de Carthage.

87-86. Pendant que Sylla reprenait à Mithridate l'Asie Mineure et bat-

SIECLE AV. J.

MARIVS

SYLLA

SPARTACVS   SERTORIVS

CATILINA   CICERON

JVLES · CÆSAR

AN de ROME 754

JESVS · CHRIST
NAIT
À BETHLEEM.

POMPÉE

MITHRIDATE

tait en Grèce son lieutenant, le tribun *Cinna* ranimait à Rome la guerre sociale. Marius revient, s'unit à Cinna, et se venge en proscrivant et massacrant tous les patriciens amis de Sylla. Il mourut avant le retour de son rival. Il tremblait en l'attendant : « Le gîte du lion, disait-il, même absent, est terrible ! »

63. — Sylla, revenant à la tête de 40,000 vétérans, triomphe de la résistance organisée par le consul populaire et le fils de Marius ; il rentre en maître dans Rome, et se fait proclamer *dictateur perpétuel.* « Qu'aucun de mes ennemis n'espère de pardon. » Conformément à cette déclaration, chaque jour de longues *listes de proscriptions*, affichées dans le forum, révèlent le sort infligé aux partisans de Marius. Pendant six mois le bras des assassins ne s'arrête point ; des peuples italiens sont condamnés en masse, de riches cités étrusques sont vendues à l'encan.

60. — Ayant pourvu à sa vengeance, Sylla rend aux patriciens tous leurs privilèges, dépouille les tribuns de leurs droits, et satisfait d'avoir accompli son œuvre, il abdique et se retire dans sa maison de Cumes. Justice due à ses crimes, il y meurt l'année suivante d'une maladie aussi repoussante que douloureuse.

Le dictateur venant au-devant d'un jeune héros nommé Pompée, qui s'était distingué en Afrique, en Cisalpine et en Sicile, l'avait salué du nom de Grand. Évidemment, celui que le tyran honorait ainsi appartenait à son parti politique. En effet, Pompée, né d'une famille *équestre*, c'est-à-dire de l'*ordre* des chevaliers, avait puissamment contribué au triomphe du dictateur sur la ligue italienne.

72. — Sertorius, ancien questeur de Marius, et l'un des chefs du parti démocratique, ayant échappé au sort des siens, était passé en Espagne. Il s'y fit une grande renommée par sa modération et sa justice, et plus encore peut-être par l'attrait du merveilleux qu'il sut habilement exploiter : une biche blanche familière le suivait partout, même à l'armée ; il prétendit tenir ce gracieux animal de Diane elle-même, comme un gage de la protection spéciale de la déesse. Les Lusitaniens, inquiétés par les Romains, vinrent se mettre sous ses ordres ; Mithridate l'aida de secours d'argent ; avec 7,000 hommes, il battit quatre généraux romains et Metellus lui-même ; s'empara d'une partie de l'Espagne, et parcourut la Gaule Narbonnaise jusqu'aux Alpes. Pompée lui fut opposé ;

Sertorius soutint brillamment la lutte, mais il fut assassiné par son collègue *Perpenna.* Pompée défit ce traître et le fit mettre à mort.

71. — Nous avons vu le peuple dominé par les nobles, les Italiens provinciaux par les citoyens romains ; les esclaves sont opprimés partout et par tous. Soixante-dix-huit de ces malheureux que, selon l'usage importé de Carthage, on exerçait à combattre dans les cirques, soit entre eux, soit contre les bêtes féroces, et qui devaient apprendre à mourir avec grâce pour le plus grand plaisir des Romains, soixante-dix-huit, disons-nous, de ces *gladiateurs*, pour la plupart Thraces ou Gaulois, s'échappèrent de Capoue, où un riche citoyen en entretenait un grand nombre, et, dirigés par le Thrace Spartacus, appelèrent à la liberté tous les esclaves. Un grand nombre, grossi des bouviers et des pâtres, les rejoignit ; ils défirent plusieurs consuls. Spartacus voulait que chacun d'eux retournât dans son pays, mais avides de butin et de vengeance, ils se répandirent dans toute l'Italie pour la ravager. Enfin, une partie s'apprêtait à passer en Sicile ; Crassus réussit à s'en rendre maître : l'héroïque Spartacus fut tué. Ce qui restait de ces infortunés gagnait les Alpes pour passer dans les Gaules. Pompée, qui revenait d'Espagne, les rencontra ; il en extermina cinq mille, et se targua d'avoir sauvé l'Italie.

68. — Les Romains, ayant arraché l'Asie à Mithridate, avaient rendu à *Nicomède* la Bithynie (75). Ce prince, en mourant, légua son royaume à ses défenseurs. Le roi de Pont reprit alors les armes et reconquit ce qu'il disait être son bien. Il fut défait par ce *Lucullus*, non moins renommé par sa bravoure que célèbre par son opulence et le luxe de ses festins. Le consulat du vainqueur était terminé, il quitta l'Asie. Aussitôt l'infatigable Mithridate reconquit la Cappadoce. Il sembla que Pompée était seul capable de réduire cet inexpugnable ennemi.

66. — Il n'eut pas de peine à disperser les troupes épuisées du roi de Pont, à traquer ce malheureux prince, que son gendre même trahissait : Tigrane mit à prix la tête de son beau-père, et offrit son propre royaume au vainqueur. Celui-ci le lui laissa moyennant le payement d'un tribut, et la cession de la Cappadoce, de la Cilicie et de la Syrie.

63. — Mithridate, suivi de huit cents braves, se fit jour au travers des armées romaines, gagna les rives du Bosphore Cimmérien, où régnait son fils *Pharnace.* Il projetait d'aller par le Danube attaquer l'Italie ; mais là encore, la trahison des siens l'arrêta. Ses soldats, excités par Pharnace, se révoltèrent. Le grand roi, insensible à l'action des poisons, par l'usage constant que prudemment il avait fait de leurs contraires, en fut réduit à se faire tuer par un Gaulois. Le Pont devint province romaine.

JUDÉE. — 64. — Dès l'an 180, des dissidences s'étaient produites dans la religion des Juifs. Les uns, appelés *Pharisiens*, professaient une minutieuse exactitude aux pratiques extérieures du culte, et s'opposaient à ce que le roi pût joindre à son titre celui de pontife. Leurs adversaires, les *Sadducéens*, ne voulaient servir Dieu qu'en vue des récompenses temporelles et rejetaient la plupart des dogmes fondamentaux. Ces sectes dégénérèrent en factions politiques, et fomentèrent des guerres civiles sanglantes, sous les règnes de la princesse *Alexandra* et de ses deux fils, *Hyrcan II* et *Aristobule II*. Hyrcan, que soutenaient les Pharisiens, fut détrôné par son frère. Rome intervint. Pompée dut faire le siège du temple de Jérusalem, dans lequel les partisans d'Aristobule s'étaient retranchés. Il fit prisonnier ce prince, et rétablit Hyrcan, comme prince et pontife, mais non comme roi. La Judée fut tributaire des Romains.

64. — Pendant que ces guerres constantes retenaient loin de Rome ses meilleurs citoyens, cette capitale du monde demeurait exposée aux entreprises des factieux. Le sénateur CATILINA, l'un des plus féroces suppôts de Sylla, et le compagnon déhonté de tout ce que Rome recélait de fainéants et de coupables, voulut renverser le gouvernement de la république et se faire, ainsi qu'il osa le déclarer au sénat, « la tête de ce peuple romain, corps robuste mais sans tête. » Des rassemblements armés s'étaient formés dans l'Étrurie et l'Apulie ; deux consuls, l'un de cette illustre famille des Metellus qui avait donné à Rome tant d'éminents généraux, furent investis de pouvoirs illimités. Tandis qu'ils préparaient aux insurgés une énergique résistance, le chef de la conjuration demeurait audacieusement dans Rome, et siégeait parmi ses nobles collègues. « Jusques à quand, Catilina, abuseras-tu donc de notre patience? s'écriait le fameux CICÉRON, dans l'une de ses plus véhémentes *Catilinaires*. Quoi! ni les troupes réunies dans la ville, ni la consternation du peuple, ni les regards indignés que tous jettent ici sur toi, rien ne t'arrête! » Poussé à bout par cette apostrophe longtemps prolongée, le conspirateur quitte enfin sa chaise curule ; il s'éloigne, mais c'est pour rejoindre l'armée révolutionnaire en Étrurie.

Cicéron réussit à se saisir des preuves écrites de l'appel adressé aux Gaulois par cinq conjurés demeurés à Rome: il amène ceux-ci devant le sénat, leur arrache l'aveu public du complot; secondé par la rude éloquence de *Caton* (petit-fils du Censeur) il détermine l'assemblée à voter leur condamnation à mort, puis il fait immédiatement procéder à leur exécution. En apprenant la ruine de ses projets, Catilina se décida à livrer bataille au lieutenant des consuls à *Pistoia*. Lui et ses deux mille partisans s'y battirent en désespérés. Il fut trouvé demi-mort sur un monceau de cadavres ennemis. On coupa sa tête, que l'on envoya à Rome. Cicéron fut salué du titre de Père de la patrie.

Lorsque Sylla, usant de représailles envers Marius, recherchait la vie de tous ceux qui lui avaient appartenu, les prières des vestales obtinrent de lui qu'il épargnât le jeune JULES CÉSAR, petit-neveu de Marius, par le mariage de celui-ci avec la patricienne *Julia*. « Je vous le laisse, avait dit à sa famille le terrible dictateur; mais dans cet enfant il y a plusieurs Marius. »

A cause de cette parenté, les sympathies du peuple étaient acquises à César ; en même temps, par une bizarre opposition, le jeune homme exerçait un autre prestige, toujours puissant sur tous les esprits : celui d'une origine nobiliaire plus relevée et plus ancienne que celle de quiconque, car il prétendait descendre de Vénus et d'Anchise. Le charme de son aspect, son éloquence, sa munificence, le tact exquis avec lequel il savait adoucir ce qu'a d'impérieux le commandement, attirait, séduisait ; l'énergie de sa volonté en faisait un chef peu ordinaire.

Parmi les titres que lui prodiguera le peuple, nous le verrons décoré de celui de grand pontife, charge singulière pour un homme de guerre, de mœurs irrégulières et sans conviction religieuse, mais distinction précieuse en ce qu'elle rendait sa personne inviolable. Il était opposé à la condamnation capitale prononcée contre les complices de Catilina ; on en avait inféré que lui-même avait peut-être trempé dans le complot. Son immense ambition lui rendait bons tous les moyens de parvenir.

60. — Crassus détestait en Pompée celui qui, « triomphant par les coups que d'autres ont portés, » l'avait privé du triomphe dû à ses services. Pompée, lorsqu'il revint d'Asie, vit sa gloire éclipsée par la popularité grandissante de César. L'irritation de leur vanité les fit céder aux sollicitations de ce dernier, pour former avec lui contre le sénat une alliance étroite et secrète appelée *Triumvirat*.

Le riche Crassus, qui, tour à tour ami de Marius et de Sylla, avait acquis son immense fortune en achetant à vil prix les biens des proscrits, était l'homme des patriciens. Pompée représentait l'ordre privilégié des chevaliers. César comptait bien diriger ses deux associés, et s'élever à l'aide des partis dont ils disposaient. Ils s'étaient engagés à le porter au consulat. Il y parvint en 59.

L'un de ses premiers actes fut la proposition d'une loi agraire à peu près semblable à celle qu'avait émise Tiberius Gracchus. Caton s'opposa énergiquement au vote. « Ce n'est pas cette loi que je redoute, dit-il, mais le prix dont le peuple devra la payer. » César le fit traîner en prison ; la loi, appuyée par Pompée et Crassus, fut adoptée. Le peuple était gagné, il donna à César pour cinq années le gouvernement de la Gaule Cisalpine et de l'Illyrie avec trois légions. « C'est la tyrannie que vous armez, prédisait de nouveau Caton, et vous la mettez dans un fort, au-dessus de vos têtes. » En dépit de ces avertissements, le sénat ajouta aux forces de César une quatrième légion et la Gaule Transalpine.

58. — Avant de partir pour les Gaules, César avait eu soin de faire nommer tribun un homme tout à lui, le patricien *Clodius*, afin qu'en son absence il surveillât Pompée et continuât l'œuvre que sa politique avait commencée. Ainsi fit Clodius. On comprend que s'attacher le peuple et l'ordre équestre, et satisfaire le parti aristocratique était chose impossible ; il fallait anéantir celui-ci, et, pour y parvenir, écarter sa sentinelle avancée, Cicéron. Clodius proposa donc ce décret : « On interdira le feu et l'eau à quiconque aura fait mourir un citoyen sans jugement. » Ceci avait trait à l'exécution immédiate des complices de Catilina ; Cicéron fut exilé ; on éloigna Caton en lui donnant une mission en Asie.

Pompée et Crassus parvinrent à se faire nommer consuls en dépit de l'opposition de Clodius, qui fut assassiné dans une émeute. Pompée obtint le gouvernement de l'Espagne et de l'Afrique ; on donna celui de la Syrie à Crassus.

58-51. — Les *Suèves* venaient de pénétrer chez les Éduens et les Séquanes, qui demandaient du secours aux Romains ; les Helvètes s'agitaient. On sait comment se terminent ces charitables interventions : sept campagnes successives de César soumirent toute la Gaule aux Romains.

Pendant ce temps, Crassus voulait contre-balancer par un peu de gloire les succès de son collègue ; peut-être cherchait-il plutôt l'occasion de butiner des trésors dans les temples et les capitales ; il alla attaquer les Parthes ; il fut défait et massacré en 53.

Restait Pompée, seul compétiteur de César. Afin de ne rien perdre de son influence, il demeurait à Rome et faisait administrer l'Espagne et l'Afrique par ses lieutenants. Pendant deux ans, il sut s'opposer à la nomination des consuls, maintenant ainsi la république dans un état d'anarchie pour obtenir la dictature. Caton lui-même l'appuya près du sénat, tant paraissait redoutable César disposant des suffrages du peuple et d'une armée nombreuse et dévouée.

Pour l'affaiblir, Pompée obtint du sénat que, sous prétexte de sauver la Syrie menacée par les Parthes, on l'obligeât à rendre deux légions ; puis, croyant cette mesure suffisante, le sénat décréta que César serait déclaré ennemi public s'il n'abandonnait pas ses troupes et ses provinces. Deux tribuns, *Cassius* et *Marc Antoine*, s'opposaient à cet arrêt, ils furent menacés et s'enfuirent dans le camp de César.

49. — Deux uniques partis restaient au vainqueur des Gaules : obéir ou lutter. Il se mit en marche, traversa les Alpes, et s'arrêtant sur la rive du *Rubicon*, ce petit fleuve au delà duquel un général romain ne devait pas paraître armé, il hésita… Enfin, jetant son manteau sur ses yeux, il franchit à la tête d'une seule légion le ruisseau fatal !

48. — Pompée, pris au dépourvu, passe en Grèce, le sénat se retire à Capoue. En soixante jours, César soumet l'Italie, arrive à Rome, y établit un nouveau sénat et part pour l'Espagne. Il laisse deux de ses lieutenants réduire Marseille qui tient pour Pompée ; désarme les généraux de celui-ci en Espagne, et revient le chercher lui-même en Thessalie ; il le rencontre à *Pharsale* et le défait. Pompée fuit : il choisit pour refuge l'Égypte, où règne le jeune Ptolémée XII, dont le père a dû naguère le trône à sa protection. Les tuteurs du roi enfant font assassiner le malheureux fugitif. César, en arrivant à Alexandrie, rend pieusement les derniers devoirs aux déplorables restes de son ennemi.

Selon la coutume d'Égypte, CLÉOPÂTRE, sœur de Ptolémée XII, et héritière du trône avec lui, était l'épouse de son frère. Plus jeune que lui, elle avait prétendu exercer seule l'autorité ; le roi l'ayant chassée, elle s'était retirée en Syrie. César embrasse le parti de cette princesse ambitieuse et rusée autant que séduisante, il lui prête l'appui de son armée. Les Égyptiens défaits sont contraints de reconnaître Cléopâtre pour reine. Ptolémée, en fuyant, s'était noyé dans le Nil.

47. — A la faveur de ces révolutions, Pharnace, roi du Bosphore, chassait les Romains de la petite Arménie et de la Cappadoce; César passe en Asie; en cinq jours, « il est venu, a vu, a vaincu. »

46—45. — Caton, rassemblant quelques débris des légions de Pharsale, avait, avec l'aide de *Juba*, roi de Mauritanie, reconstitué une armée en Afrique. César s'y rend, fait investir les États de Juba, qui retourne dès lors les défendre. Les républicains sont vaincus à *Thapsus*. Caton, renfermé dans *Utique*, se donne la mort. Cneius Pompée et son frère Sextus sont défaits à *Munda* en Espagne. César que, après Thapsus, son sénat a déclaré demi-dieu, puis dieu après Munda, est proclamé dictateur perpétuel et grand pontife.

44. — Ces attributions de la royauté que dispense la république ne sauraient lui suffire : il aspire à devenir l'unique représentant de l'État. Mais une conspiration s'est ourdie contre sa flagrante tyrannie : il est poignardé dans le sénat même de la main de ses collègues.

Tandis que les assassins, stupéfiés de leur crime, s'enfermaient incertains dans le Capitole; que Cicéron, quittant sa retraite, accourait près d'eux pour les presser d'agir, *Lépide*, grand maître de la cavalerie de César, et Marc Antoine, consul, s'unissaient pour rallier ses vétérans et ses partisans. Antoine convoque le sénat. La voix persuasive de l'honnête Cicéron invite tous les partis à la conciliation; les institutions de César seront maintenues, on rouvre l'assemblée à ses meurtriers; en même temps, on décrète pour leur victime des funérailles magnifiques. Marc Antoine lit au peuple le testament de César. Le grand homme adoptait pour son fils son neveu Octave.

43. — Circonspect, dissimulé, ce jeune héritier, âgé de dix-neuf ans, ose venir à Rome; par sa modeste déférence, il sait se rendre favorables les plus soupçonneux républicains; il obtient la mise en possession de ses droits, puis il distribue fidèlement les legs faits par César à ses

vétérans et au peuple, et se crée ainsi un parti dévoué. Patroné par Cicéron lui-même, il reçoit le commandement d'une armée pour s'opposer aux manœuvres de Marc Antoine qui, en combattant Brutus en Cisalpine, visait à s'arroger ces provinces; il le défait, rentre à Rome à la tête de huit légions, il est nommé consul.

Fidèle imitateur de la politique de César, Octave s'adjoint Lépide et Antoine, et inaugure une magistrature nouvelle par ce *second triumvirat*. Tous trois s'attribuent pour cinq ans la puissance consulaire, et se partagent le monde : Octave prend la Sicile, la Sardaigne et l'Afrique; Antoine aura les Gaules; Lépide, la Narbonnaise et l'Espagne; l'Italie reste indivise. Ils s'adjugent ensuite les ennemis à sacrifier : Cicéron est leur première victime; la tête et les mains de ce grand citoyen, clouées à la tribune, révèlent aux républicains la renaissance des jours de Sylla.

42. — Brutus a soulevé la Grèce, Cassius agite l'Asie Mineure. Octave et Antoine les joignent en Macédoine, et les défont successivement aux deux batailles de *Philippes*. Brutus et Cassius se donnent la mort.

Déjà plus d'une dissidence avait éclaté entre Antoine et Octave. Le premier, revenant de combattre les Parthes, s'arrête en Égypte; il y subit le charme qu'exerce sur lui l'artificieuse Cléopâtre, jusque-là que, pour l'épouser, il répudie la vertueuse *Octavie*, sœur d'Octave.

31. — Octave fait décréter la guerre contre Cléopâtre. La flotte égyptienne porte la reine elle-même, son armée de terre est commandée par Antoine; tous deux sont vaincus en Épire par Octave à la bataille navale d'*Actium*. Antoine, trompé par un faux message de Cléopâtre, croit à sa mort et se tue. La perfide épouse, ayant vainement tenté de s'attacher Octave, se fait, dit-on, mourir de la piqûre d'un serpent.

30. — L'Égypte est province romaine, l'héritier de César est proclamé empereur et prend le nom d'AUGUSTE.

AN Ier. — 4004 DU MONDE. — *Hérode*, fils de l'Iduméen Antipater, favorisé par le triumvirat, s'est placé sur le trône des rois asmonéens. Les temps sont accomplis ; les mages de Chaldée suivent l'étoile nouvelle jusqu'en *Bethléem* de Juda, et saluent l'Enfant Dieu, le régénérateur promis à l'humanité, NOTRE-SEIGNEUR JÉSUS-CHRIST.

FIN